bearbeitet von

Georg Adenauer
Irmtraud Beyer
Detlef Eckebrecht
Barbara Fähnrich
Ulrike Hugel
Eva Klawitter
Bernhard Knauer
Klaus Loth
Uschi Loth
Gertrud Oelker
Burkhard Schäfer
Horst Schneeweiß
Ulrich Sommermann
Gerhard Ströhla
Wolfgang Zink

Ernst Klett Verlag
Stuttgart Düsseldorf Leipzig

Gedruckt auf Recyclingpapier,
hergestellt aus 100% Altpapier

1. Auflage

A 1⁵ ⁴ 3 2 1 | 2002 2001 2000 99 98

Alle Drucke dieser Auflage können im Unterricht nebeneinander benutzt werden; sie sind untereinander unverändert. Die letzte Zahl bezeichnet das Jahr dieses Druckes.
© Ernst Klett Verlag GmbH, Stuttgart 1998.
Alle Rechte vorbehalten.

Internetadresse: http://www.klett.de

Redaktion: Rita Boemer

Druck: Druckhaus Götz GmbH, Ludwigsburg

ISBN 3-12-043390-X

Bearbeitet von
Georg Adenauer
Dr. Irmtraud Beyer
Detlef Eckebrecht
Barbara Fähnrich
Ulrike Hugel
Dr. Eva Klawitter
Bernhard Knauer
Klaus Loth
Uschi Loth
Gertrud Oelker
Burkhard Schäfer
Dr. Horst Schneeweiß
Ulrich Sommermann
Gerhard Ströhla
Wolfgang Zink

Gestaltung des Bildteils
Jörg Mair, Eching a. A.

Einbandgestaltung
Jörg Mair, Eching a. A.

Von diesen Vorlagen ist die Vervielfältigung für den eigenen Unterrichtsgebrauch gestattet. Die Kopiergebühren sind abgegolten.

Inhaltsverzeichnis

Kennzeichen des Lebendigen
Ist das Tamagotchi ein Lebewesen? 4

Vögel
Die Goldammer – Vogel des Jahres 1999 6

Samenpflanzen
Die Wildbirne – Baum des Jahres 1998 8
Die Erdnuss – eine unbekannte Pflanze 10
Pflanzen bestimmen macht Spaß 12

Ökologie
Der „Nischenbaum" – ein Modell zum Begriff „ökologische Nische" 14
Pflanzenschutzmittel gefährden Greifvögel 16

Umwelt
Stärke: Vom Naturstoff zum technischen Produkt 18
Stärkefolie – Abbau durch Verrotten 22

Blut / Herz / Kreislauf
Lernzirkel: Blutgruppen und Rhesusfaktor 26

Immunbiologie
Phagozytose und amöboide Beweglichkeit von Immunzellen 30
Zielsteuerung amöboid beweglicher Zellen 32

Mensch / Gesundheit
Von Gemischtköstlern, Vegetariern und Veganern 34
Nitrat in Salat und Gemüse 36
Infektiöse Proteine – Ursache für BSE? 38

Stoffwechsel
Das Altern – eine Energiekrise der Zelle 42

Sinnesphysiologie
Echoortung bei Fledermäusen 44

Genetik
„Novel Food" – neuartige Lebensmittel 46
Herbizidresistente Pflanzen – die Gentechnik macht's möglich 48
Bau der DNA 50
Kaspar Hausers Fingerprint 54
Thalassämie – eine erblich bedingte Hämoglobinopathie 56
Die Entwicklungskontrollgene der Taufliege Drosophila 58

Evolution
„Tigerpferde" in Afrika – wozu sind die Zebrastreifen gut? 60

Ist das Tamagotchi ein Lebewesen?

- **Klassenstufe:** 5 / 6
- **Schwerpunkt:** Kennzeichen des Lebendigen
- **Voraussetzungen:** Kennzeichen des Lebendigen

Sachinformation

Das Tamagotchi ist ein elektronisches Gerät, das von dem japanischen Familienunternehmen BANDAI Ende des Jahres 1996 auf den Markt gebracht wurde. Innerhalb kürzester Zeit wurde das kleine, wie ein Schlüsselanhänger wirkende „Ei" das begehrteste Spielzeug in Japan und Südostasien, dann aber auch in den USA und in Europa. Mehrere Millionen Stück wurden verkauft und inzwischen gibt es die unterschiedlichsten Modelle in Preislagen von unter 20.- bis über 150.- DM.

Das Tamagotchi simuliert ein gerade geschlüpftes Küken, das man hegen und pflegen muss. Es will gefüttert werden, sein Kot ist wegzuräumen, es fordert den Besitzer zum Spielen und zur Gesundheitsfürsorge auf, reklamiert aber auch Schlafenszeiten für sich. Wenn es sich nicht wohl fühlt, gibt es Töne von sich und fordert ganz wie ein richtiges Lebewesen, dass man sich um es kümmert. Tamagotchis können krank werden und sogar sterben.

Inzwischen gibt es diese Spielzeuge in vielen Variationen. Sie können wieder zum Leben erweckt werden, können heiraten und sogar Kinder bekommen – alles natürlich nur auf dem Display. Eine geschäftstüchtige Spielzeugbranche hat Zubehör aller Art entwickelt und im Internet gibt es mehrere tausend www-Seiten, die sich nur mit dem Tamagotchi befassen. Selbst Tamagotchi-Friedhöfe wurden inzwischen installiert.

Psychologen haben sich dieses Themas genauso angenommen wie besorgte Erzieher. Es besteht die Befürchtung, dass Kinder zwischen Schein und Wirklichkeit nicht unterscheiden lernen, ja dass dieses virtuelle Spielzeug eine Geisteshaltung erzeugt, die darauf hinausläuft, Tiere oder später sogar eigene Kinder mit einer „Tamagotchi-Mentalität" zu behandeln. In der Zeitschrift „Psychologie heute" (Februar 1998) weist der Psychologe REINHARD MEYER diese Bedenken jedoch zurück. Er referiert Untersuchungen, die belegen, dass Kinder recht gut zwischen realem Leben und der Simulation unterscheiden können. Größere Probleme haben die Erwachsenen, die diesen Gegenstand mit einer Bedeutung überfrachten, die er für die Kinder nicht hat.

Didaktisch-methodische Hinweise

Lebenserscheinungen sind den Kindern in vielfältiger Weise bekannt. Im Sachunterricht der Grundschule, aber auch im privaten Bereich werden an Pflanze, Tier und Mensch Merkmale des Lebendigen festgestellt. Dabei haben Kinder einerseits Schwierigkeiten, einen Kaktus, Muscheln oder eine Seenelke als Lebewesen anzuerkennen, denn diese zeigen keine deutlich sichtbaren Lebensäußerungen. Andererseits werden manche leblose Gegenstände nicht als solche eingestuft. Gerade Dinge, die sich bewegen oder gar Töne von sich geben, werden für lebendig gehalten. Beispiele dafür sind die Kerzenflamme, der Blitz, aber auch bewegliches Spielzeug. Beim Tamagotchi erweckt ein raffiniertes Computerprogramm den Anschein, als sei ein Wesen vorhanden, das tatsächlich die Kennzeichen des Lebendigen besitzt. Aber natürlich ist dieses Gerät genauso leblos wie der Taschenrechner, der Computer oder der Fernseher. Seine Reaktionen sind weitgehend vorher berechenbar, da sie programmiert wurden.

Gerade weil dieses Gerät emotional viele Kinder stark anspricht, ist es hervorragend geeignet, um Diskussionen zum Thema „Kennzeichen des Lebendigen" hervorzurufen. Der fachdidaktisch orientierte Biologieunterricht stellt die Frage nach gemeinsamen Merkmalen aller Lebewesen, um diese von den leblosen Gegenständen abgrenzen zu können. Die übergeordneten Teilbereiche, wie Bewegung, Ernährung, Reizbarkeit usw., sind die großen Themen des Biologieunterrichtes.

Lösungen zum Arbeitsblatt

1. Das Meerschweinchen läuft, putzt sich, schläft und knabbert. Das Tamagotchi ist tatsächlich unbeweglich, nur auf dem Bildschirm erscheinen Bewegungen.
2. Meerschweinchen fressen Salat, Möhren, Obst, Körner und Knabberstangen. Beim Tamagotchi gibt es keine Ernährung; zwei Batterien betreiben das Gerät.
3. Meerschweinchen wiegen bei der Geburt wenige Gramm. Erwachsene Tiere können je nach Rasse über ein Kilogramm schwer werden. Das Tamagotchi bleibt immer gleich schwer, nur das Bild des Kükens „wächst".
4. Meerschweinchen hören, riechen, sehen, fühlen, schmecken, schnurren und quieken. Das Tamagotchi reagiert auf Knopfdruck, hat aber keine Sinneswahrnehmungen.
5. Ein erwachsenes weibliches Meerschweinchen bekommt Junge und säugt sie. Tamagotchis werden in Fabriken zu tausenden hergestellt; das Schlüpfen aus dem Ei erscheint nur auf dem Bildschirm.

Literatur

FEIERABEND, H.: Tamagotchi. Das offizielle Taschenbuch. Ullstein Verlag, Berlin 1997

MEYER, R.: Spielzeug oder Lebewesen? In: Psychologie heute, Heft 2/1998, S. 9

Abb. 1   Meerschweinchenkäfig

Ist das Tamagotchi ein Lebewesen?

Neele hat ein Tamagotchi bekommen. Das Küken hält sie ganz schön in Atem. Wenn Neele Zeit hat, möchte das Tamagotchi schlafen. Aber gerade, wenn sie ein spannendes Buch liest, ruft das Tierchen nach seiner „Mutter", möchte gefüttert werden oder das „Häufchen" muss beseitigt werden. Neulich hatte Neele sogar Krach mit ihrer Lehrerin, weil sich ihr Tamagotchi mitten in der Stunde meldete. Und immer die Angst, es könnte krank werden oder sogar sterben! „Weißt du", sagt ihre Cousine Maike, „das geht mir mit meinem Meerschweinchen genauso. Es raschelt und knuspert nachts so oft, dass ich nicht schlafen kann. Neulich hatte es eine schwere Durchfallerkrankung und ich musste mit ihm zum Tierarzt gehen. Nur in der Schule habe ich keinen Ärger, denn ich nehme mein Meerschweinchen natürlich nicht mit in den Unterricht."

Aufgabe

Wesentliche Kennzeichen des Lebendigen sind *Bewegung, Ernährung, Wachstum, Reaktion auf Reize* und *Fortpflanzung*. Neele und Maike sprechen von ihren Schützlingen, als seien es beides Lebewesen.
Gibt es nicht doch wesentliche Unterschiede zwischen dem Tamagotchi und dem Meerschweinchen? Diskutiert diese Frage in der Klasse und tragt die Ergebnisse eurer Diskussion in die folgende Tabelle ein.

	Meerschweinchen	Tamagotchi
1. Bewegung		
2. Ernährung		
3. Wachstum		
4. Reaktion auf Reize		
5. Fortpflanzung		

Die Goldammer – Vogel des Jahres 1999

- **Klassenstufe:** 5/6
- **Schwerpunkt:** Vögel; Ökologie
- **Voraussetzungen:** Entwicklung der Agrarlandschaft (Grundzüge: Verarmung an Strukturen wie Hecken/Gebüschen, Ackerrandstreifen usw.; Intensivierung der Landwirtschaft)

NABU
Naturschutzbund
Deutschland e.V.
Bundesgeschäftsstelle
Herbert-Rabius-Str. 26
53225 Bonn

Sachinformation

Die *Ammern* und ihre Verwandten bilden mit ca. 950 Arten die zweitgrößte Einheit in der Ordnung der Sperlings- oder Singvögel *(Passeriformes)*. Obwohl die Diskussion über Herkunft und systematische Einordnung dieser Vögel noch nicht beendet ist, nimmt man für die Ammern mit großer Wahrscheinlichkeit einen nordamerikanischen Ursprung an, denn nur etwa ein Sechstel der Arten kommt in der Alten Welt vor. Diese werden als sogenannte „Altweltammern" bezeichnet. Zu den drei Gattungsgruppen dieser Unterfamilie der Ammern gehören neben den eigentlichen Ammern und den Kernbeisserammern interessanterweise auch die Galapagosfinken. Zu den eigentlichen Ammern (Gattung *Emberiza*) rechnet man u.a. Grauammern, Fichtenammern, Goldammern, Rohrammern und Ortolane.

Am besten bekannt in dieser Gruppe ist wohl die *Goldammer*. Sie bewohnt offene Landschaften mit Büschen und ist meist ein *Standvogel*. Auch auf buschbestandenen Heide- und Ödflächen ist sie zu finden. In geschlossenen Waldungen findet man sie nicht.

Im Februar besetzen die Männchen Reviere von ca. 0,2 ha Größe. Man kann dann bis Mitte August fast aus jeder Hecke ihren Gesang hören, den der Volksmund mit „Wie, wie, wie hab ich dich lieb" (zweiter Akt der Oper „Siegfried" von RICHARD WAGNER) übersetzt. Der Lockruf ist ein helles „zick zick zick".

Auf der Erde bewegt sich die Goldammer behende hüpfend und zwischendurch trippelnd fort. Öfter jedoch findet man sie hoch und frei sitzend, während sie mit dem langen Schwanz typisch wippt. Auf kurzen Strecken fliegt sie schnell und unregelmäßig, auf weiten aber gleichmäßig flachbogig.

Das Nest der Goldammer ist ein Napf, der sich meist 30 bis 50 cm hoch in Büschen und gelegentlich auch am Boden befindet. Durchschnittlich sind 3 bis 6 weiße Eier mit grauen oder braunen Flecken und Haarlinien im Gelege. Das Weibchen brütet 2- bis 3-mal pro Jahr bei einer Brutdauer von ca. 12 Tagen.

Goldammern haben einen kurzen und spitzen Schnabel. Sie sind wie alle Ammern vorwiegend Samenfresser, aber auch Insekten und kleines Getier am Boden verschmähen sie nicht. Nachdem die Jungen das Nest verlassen haben, nehmen sie kleine Steinchen auf, um im Magen ihre spätere, meist aus Pflanzen bestehende Kost zerreiben zu können.

Lösungen zum Arbeitsblatt

1. Das Gefieder des Männchens ist am Kopf und an der Unterseite goldgelb und an Rücken und Flanken kastanienbraun. Das Gefieder des Weibchens ist insgesamt matter und mehr braun gestreift.
2. Aus dem Text ist Folgendes zum Lebensraum der Goldammer zu erfahren:
   - Sie leben in Gebüschen und Hecken sowie auf Äckern und finden dort ihre Nahrung (verschiedene Samen).
   - Im Winter kommen sie in die Nähe von Ställen und menschlichen Behausungen (denn auf den schneebedeckten Feldern finden sie dann nicht genügend Nahrung).
   - (In Gefangenschaft fühlen sie sich nicht wohl; häufig sterben sie.)
3. *Unterschlupf/Nestbau:* in Gebüschen und Hecken (zum Teil auch auf dem Boden); *Nahrung:* auf Feldern, in Randstreifen und Hecken (vorwiegend verschiedene Samen; daneben allerdings auch Insekten und weitere kleine Bodentiere).
4. Goldammern sind nicht direkt in ihrem Bestand gefährdet, wie z.B. Rallen, Birk- und Auerhuhn. Sie stehen vielmehr – analog zur Feldlerche (Vogel des Jahres 1998) – als Stellvertreter für einen gefährdeten Landschaftstyp: Kleine, von Hecken umsäumte Felder, einst Merkmal einer abwechslungsreichen Landschaft, boten vielen Singvögeln Nahrung, Deckung für ihre Nester und Schutz. Moderne Landmaschinen erfordern jedoch begradigte, ausgeräumte Flächen, um wirtschaftlich arbeiten zu können. Hecken, Büsche und Wälle mussten vielfach weichen.

Zusatzinformation

Die Grauammer

Die *Grauammer* ist die unscheinbare Verwandte der Goldammer. Auch sie hat unter der Intensivierung der Landwirtschaft zu leiden. Ihr Gefieder ist eintönig braun und gestreift ohne besondere Merkmale oder Geschlechtsunterschiede. Im Sommer erkennt man das Männchen an seinem einsilbigen Gesang, der wie das Klappern eines Schlüsselbundes klingt. Ihr Brutgebiet ist deutlich kleiner als das der Goldammer: In Skandinavien und Sibirien kommt sie nicht vor. In Europa ist sie vorwiegend im Kulturland vorhanden, bevorzugt in offenem Gelände.

Die Grauammern zeigen insofern eine Besonderheit, als sie sowohl monogam als auch polygam leben. Angeblich soll ein Männchen sogar einen Harem von 7 Weibchen gehabt haben, jedes mit einem eigenen Nest. Im gleichen Gebiet brüten auch monogame Ammern.

Literatur

GRZIMEK, B.: Grizimeks Tierleben. Enzyklopädie des Tierreichs. Bd. Vögel, dtv, München 1979
PETERSON, R. et al.: Die Vögel Europas. Paul Parey, Hamburg 1968
STERN, H. et al.: Rettet die Vögel. Heyne-Verlag, München 1985

Die Goldammer – Vogel des Jahres 1999

Aufgaben

1. Male das Goldammerpärchen möglichst naturgetreu aus. Nimm ein Vogelbestimmungsbuch zu Hilfe.

2. Der Text zur Goldammer stammt aus dem Buch „Naturgeschichten für Kinder" von 1780. Werte ihn aus und notiere, was du zum Lebensraum der Goldammer erfährst.

   _____
   _____
   _____

3. Überlege: Wo finden die Goldammern Unterschlupf, wo bauen sie ihre Nester und wo finden sie Nahrung?

   Unterschlupf / Nestbau: _____
   _____

   Nahrung: _____

Die Goldammer

oder Aemmerlinge sind kleine artige Vögel, und uns allen wol bekant. Sie sind so gros, als die Sperlinge, sehen grau und gelb aus, wohnen in Gebüschen und Hecken, und fressen Hirsen und Haber, und andere kleine Samenkörner, und kommen des Winters vor unsere Thüren und Ställe, und suchen sich da ihre Speisse auf, weil sie sie auf den, mit Schne bedekten Feldern, nicht mehr finden können.

Ach ja, das thun die schöne gelbe Ammer, die wir Kinder Goldammer oder Embrizen nennen! Wir haben schon welche gefangen, und in die warme Stube gebracht, und genug zu fressen und sauffen gegeben. Allein sie starben immer gleich nach etlichen Tagen wieder. Sie konten ganz gewis die Wärme nicht ertragen.

Gibts sonst keine Ammer mehr, als die Goldammer? Doch ja! Es gibt auch Ortolane oder Gartenammer, die sich gern in den Gärten aufhalten. – Grauammer – Rohrammer oder Rohrsperling, die im Rohr oder Schilf nisten – und Schneammer oder Schnevögel, die die nördlichen Gegenden lieben, und nur in recht strengen Wintern nach Teutschland kommen.

4. Sicher kannst du jetzt erklären, warum der NABU (Naturschutzbund Deutschland) die Goldammer zum Vogel des Jahres gewählt hat, obwohl sie nicht in ihrem Bestand gefährdet ist.

   _____
   _____
   _____

Die Wildbirne – Baum des Jahres 1998

- **Klassenstufe:** 5/6
- **Schwerpunkt:** Samenpflanzen; Ökologie
- **Voraussetzungen:** Bau einer Samenpflanze, Begriff „Lebensraum", (Fotosynthese)

Sachinformation

Die Wildbirne *(Pyrus pyraster)* gehört zu unseren seltenen einheimischen Baumarten. Als Liebhaber lichter, warmer Standorte findet man sie solitär auf sonnigen Hängen, aber auch in lichten Laubwäldern vom Tiefland bis zum Vorgebirge (Auenwälder, Eichenmischwälder) sowie in Gebüschgesellschaften.

Die Umwandlung der Nieder- und Mittelwälder in Hochwälder hat die Wildbirne weitgehend verdrängt. Vor allem der Konkurrenz durch die Buche war sie nicht gewachsen. Außerdem haben die heute geringe wirtschaftliche Bedeutung und die Modernisierung der Landwirtschaft dazu beigetragen, dass die Wildbirne vom Aussterben bedroht ist.

Der Wert der Wildbirne kann nicht im wirtschaftlichen Sinne in bare Münze umgerechnet werden. Er liegt vielmehr in folgenden drei Schwerpunktbereichen:
1. im ökologischen Wert für Insekten, Vögel und Säugetiere;
2. im ästhetischen Wert für das Landschaftsbild;
3. im Wert als wichtige genetische Ressource (Wildbirnen sind beispielsweise sehr widerstandsfähig gegen Krankheitserreger und Frostschäden).

Will man Wildbirnen also auch für zukünftige Generationen erhalten, sind gezielte landschaftspflegerische Maßnahmen erforderlich: Die Licht liebenden Wildbirnen müssen von der Konkurrenz schneller wachsender Bäume freigestellt werden. Darüber hinaus muss ein breites Bewusstsein in der Bevölkerung und bei den Verantwortlichen für den Erhalt dieses Baumes geschaffen werden.

Zusatzinformation

Steckbrief: Wildbirne

- *Systematische Zuordnung:* Familie: Rosaceae (Rosengewächse); Unterfamilie: Kernobstgewächse; Gattung: Pyrus; 10 Arten in Europa und 3 Arten in Mitteleuropa heimisch.
- *Standortbedingungen:* lehmige oder steinige, meist kalkhaltige Böden mit hohem Nährstoffgehalt; liebt sonnige Standorte.
- *Wuchsform:* Baum und Strauch mit einer Höhe von 5 bis 15 Metern; Krone meist kegelförmig und unregelmäßig; Äste nach oben vom Stamm abstehend, kurz und reich verzweigt; tiefe Wurzel.
- *Blätter:* wechselständig, eiförmig, 2 bis 7 cm lang, ebenso lang gestielt; im Herbst auffallend gelb bis orangerot gefärbt.
- *Blüte:* fünf weiße Kronblätter; 3 bis 9 der zwittrigen Blüten in einfachen Trugdolden vereint; Blütezeit April bis Mai.
- *Frucht:* klein, rundlich bis leicht birnenförmig, lang gestielt, warzig, von bräunlich-gelber Farbe; Fruchtfleisch sehr fest und holzig.

Schutzgemeinschaft Deutscher Wald (SDW)
Bundesverband e. V.
Meckenheimer Alle 79
53115 Bonn

Bäume des Jahres
1989: Eiche
1990: Buche
1991: Linde
1992: Ulme
1993: Speierling
1994: Eibe
1995: Ahorne
1996: Hainbuche
1997: Eberesche

(Der Baum des Jahres wird jeweils im Herbst des Vorjahres bestimmt.)

Die „Natur des Jahres" 1998
Vogel: Feldlerche
Blume: Krebsschere
Biotop: Obstwiese
Fisch: Strömer
Wildtier: Unke
Pilz: Schweinsohr
Orchidee: Echte Sumpfwurz
Landschaft: Maas

Lösungen zum Arbeitsblatt

1. Mögliche Antworten sind (abhängig vom Kenntnisstand der Schülerinnen und Schüler):
   - Bäume sind schön („Mein Freund der Baum"), man kann auf ihnen herumklettern, ihre Früchte essen, etwas basteln, schnitzen usw.;
   - Bäume liefern Sauerstoff;
   - der Wald speichert Wasser;
   - man kann das Obst oder das Holz verkaufen, usw.

   Es wird sich schnell herausstellen, dass es in den meisten Fällen kaum möglich ist, einen finanziellen Gegenwert anzugeben.
   Eine wertvolle Anregung und Erweiterung zu diesem Thema bietet das Fensterbilderbuch von FREDERIC VESTER „Ein Baum ist mehr als ein Baum", in dem zunächst der Holzwert eines Baumes mit einer Leistung von 2,70 DM pro Jahr angegeben wird. Erst nach und nach beim Umblättern von Seite zu Seite werden die vielfältigen Rollen eines Baumes als Individuum und dann als Sozialwesen in der Gemeinschaft des Waldes durch Öffnen von immer mehr Fenstern entfaltet. Die Rechnung für die Jahresleistung eines Baumes wird dem Leser am Ende des Buches mit 5297,25 DM aufgemacht.

2. Folgende Punkte können aufgelistet werden:
   - die Wildbirne als „Gabe der Götter";
   - zur Blütezeit hübscher Anblick;
   - Früchte – besonders als Dörr- oder Backobst – genießbar;
   - schöne Herbstfärbung;
   - Birnensirup als Zuckerersatz;
   - Rinde zum Färben und Gerben;
   - Birnbaumöl aus den Samen;
   - schönes Holz für Möbel und Musikinstrumente.

3. Anzukreuzen sind:
   - Seltene oder vom Aussterben bedrohte Baumarten sollen der Bevölkerung wieder bekannt gemacht werden.
   - Seltene Baumarten sollen geschützt werden.
   - Verdrängte Baumarten sollen wieder angesiedelt werden.

Literatur

HECKER, U.: Bäume und Sträucher. BLV-Handbuch, München, Wien, Zürich 1995

HUMPHRIES, C. J. et al.: Der Kosmos Baumführer. Europäische Laub- und Nadelbäume. Franckh'sche Verlagsbuchhandlung, Stuttgart 1990

Schutzgemeinschaft Deutscher Wald e.V. (Hrsg.): Die Wildbirne. Baum des Jahres 1998. Faltblatt Nr. 13, Bonn 1998

VESTER, F.: Ein Baum ist mehr als ein Baum. Ein Fensterbuch. Kösel, 1986

Die Wildbirne – Baum des Jahres 1998

Die Wildbirne stammt aus Persien und Armenien. Von dort kam sie nach Europa, wo die zahlreichen Kulturbirnensorten aus ihr gezüchtet wurden. Den alten Griechen galt sie als „Gabe der Götter".

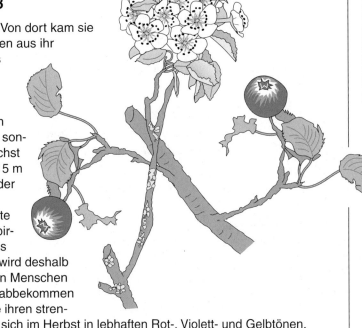

Die Wildbirne kommt in ganz Deutschland vor, im Norden ist sie allerdings seltener. Man findet sie in Ebenen und mittleren Höhenlagen oft an warmen sonnigen Hängen. Meistens steht sie einzeln. Sie wächst häufig nur zu Sträuchern heran, kann aber bis zu 15 m hoch werden. Ihre Äste tragen Dornen. Im April oder Mai ist die Wildbirne mit hübschen weißen Blüten bedeckt. Von August bis Oktober reifen ihre Früchte heran. Sie sind nur 3 bis 4 cm groß und rund bis birnenförmig. Ihr Fruchtfleisch schmeckt säuerlich bis bitter und ist sehr fest und „holzig". Die Wildbirne wird deshalb auch „Holzbirne" genannt. Die Früchte sind für den Menschen erst genießbar, wenn sie überreif sind oder Frost abbekommen haben. Auch als Dörr- oder Backobst verlieren sie ihren strengen Geschmack. Die Blätter der Wildbirne färben sich im Herbst in lebhaften Rot-, Violett- und Gelbtönen. Früher war die Wildbirne häufig. Sie wurde vielseitig verwendet. Aus dem Birnensaft hat man z. B. einen Sirup gewonnen, der als Zuckerersatz diente. Die Rinde wurde zum Färben und Gerben genutzt und aus den Samen wurde hochwertiges Birnbaumöl gewonnen. Außerdem liefert die Wildbirne schönes Holz, aus dem man z. B. Möbel oder Musikinstrumente herstellen kann. Inzwischen ist sie fast in Vergessenheit geraten und so selten geworden, dass sie vom Aussterben bedroht ist.

Aufgaben

1. Worin bestehen für dich Bedeutung und Wert eines Baumes? Liste möglichst viele verschiedene Punkte auf und versuche zum Schluss, für diese jeweils einen Geldbetrag als Gegenwert einzusetzen.

2. Die Wildbirne ist Lebensraum für viele Tiere und bietet im Sommer auch dem Menschen einen Ruheplatz im Schatten. Ihre Blüten liefern vielen Insekten Nahrung. Die Bedeutung der Wildbirne geht aber weit über die genannten Beispiele hinaus. Werte den Text (oben) aus und fertige eine Liste an.

3. Die „Schutzgemeinschaft Deutscher Wald" wählt jedes Jahr einen Baum des Jahres. Allgemeine Ziele sind:
   - ☐ Das Wissen über bekannte Baumarten soll vertieft werden.
   - ☐ Seltene bzw. vom Aussterben bedrohte Baumarten sollen der Bevölkerung wieder bekannt gemacht werden.
   - ☐ Seltene Baumarten sollen geschützt werden.
   - ☐ Verdrängte Baumarten sollen wieder angesiedelt werden.

   Die Wildbirne ist Baum des Jahres 1998. Welche der genannten Auswahlkriterien treffen auf diesen Baum zu? Nimm den Wildbirnen-Text zu Hilfe und kreuze die entsprechenden Punkte an.

Die Erdnuss – eine unbekannte Pflanze

Nährwert der Erdnuss

Ölgehalt bei Speisenüssen: ca. 40 %
Eiweißgehalt: 24–35 %
Zucker- und Stärkegehalt: 3–8 %
reich an B-Vitaminen und Vitamin E

Erdnussernte
(in Mill. Tonnen 1982)

weltweit	18,48
(davon bekannt)	
Indien	5,30
China	3,99
USA	1,56
Indonesien	0,89
Sudan	0,80
Senegal	0,70
Nigeria	0,60
Burma	0,57

Wiesen-Klee

Futter-Wicke

Gewöhnlicher Goldregen

Schmetterlingsblütler

- **Klassenstufe:** 5/6
- **Schwerpunkt:** Samenpflanzen
- **Voraussetzungen:** Bau von Samenpflanzen, Pflanzenfamilien

Sachinformation

Die Erdnusspflanze – eine alte Kulturpflanze

Die Erdnuss (Gattung *Arachis*) war ursprünglich mit etwa 15 Arten nur in Südamerika beheimatet. Der hohe Nährwert der Samen machte sie zu einer der wichtigsten Nahrungspflanzen der Tropen und Subtropen (s. Randspalte). Allein der Pressrückstand bei der Ölgewinnung ist mit einem Proteinanteil von 40–50 % ein hochwertiges Kraftfutter für Nutztiere. Es ist daher nicht verwunderlich, dass die Erdnusspflanze schon seit ca. 2000 Jahren als Kulturpflanze angebaut wird. Die Kulturform wurde von den Indios gezüchtet.

Seit Beginn dieses Jahrhunderts lässt sich ein rapider Anstieg der Nachfrage nach Erdnüssen verzeichnen. So werden sie gegenwärtig auf allen Kontinenten angebaut. Hauptanbauländer sind Indien, China, die USA und Westafrika (s. Randspalte).

Die Erdnusspflanze – ein Schmetterlingsblütler

Die Erdnusspflanze gehört zur Familie der Schmetterlingsblütler *(Fabaceae)*. Die einjährige Pflanze ist krautig, niederliegend oder bis 60 cm hoch, am Grunde verzweigt und dicht belaubt. Die Blätter sind wechselständig und paarig gefiedert. Eine einzige Pflanze bildet 200 bis 500 kleine goldgelbe Blüten, die vom Bau her charakteristische Schmetterlingsblüten darstellen. Davon entwickeln sich nur einige Dutzend zu Früchten.
Die Entwicklung der innerhalb von 5 Monaten reifenden Frucht ist ein Beispiel für Bodenfrüchtigkeit *(Geokarpie)*: Nach der Befruchtung durch Selbstbestäubung wächst ein unterhalb des Fruchtknotens ansetzender Teil der Blütenachse *(Gynophor)* in die Erde. Dieser schiebt die Frucht vor sich her.
Die Frucht entwickelt sich erst, nachdem die Spitze des Fruchtträgers 5 bis 10 cm tief unter die Erdoberfläche in den Boden eingedrungen ist. Wenn es dem Fruchtträger nicht gelingt, in die Erde einzudringen, entwickelt sich keine Frucht.
Man nimmt an, dass Geokarpie eine Anpassung an immer wieder auftretende Flächenbrände ist.

Didaktisch-methodische Hinweise

Die Zeiten, in denen vor allem die „Früchte" des eigenen Gartens auf den Tisch kamen, sind lange vorbei. Immer exotischer werden Früchte und Gemüsesorten aus aller Welt, die der Supermarkt zu allen Jahreszeiten bietet. Der Bezug zu den einheimischen Pflanzen ist Schülerinnen und Schülern weitgehend verlorengegangen. Früchte und Gemüse aus fernen Ländern sind als Konsumgüter zwar selbstverständlich, genauere Kenntnisse darüber fehlen aber in der Regel.

Mit der Erdnuss wird eine solche „exotische" Pflanzenart vorgestellt. Es bietet sich die Chance, sie Schülerinnen und Schülern näher zu bringen und damit evtl. auch ihr Interesse für verwandte einheimische Arten zu wecken.

99 ——— Zusatzinformation

Erdnuss-Rezepte

Mürber Erdnusskuchen

- *Zutaten für den Teig:* 300 g Mehl, 150 g Butter, 1 Ei, 125 g Zucker, 1 Prise Salz
- *Für die Füllung:* 300 g geschälte, ungesalzene Erdnüsse, 20 g Butter, 200 g Zucker, 250 g Sahne
- *Zum Bestreichen:* 1 Eigelb
- *Zubereitung:* Aus den Zutaten für den Teig einen Mürbeteig kneten; für die Füllung die Erdnüsse grob hacken; die Butter in einem Topf schmelzen lassen; die Sahne vorsichtig dazugeben und glatt rühren; die Erdnüsse unterrühren, einmal aufkochen und anschließend abkühlen lassen; mit 2/3 des Teiges eine Springform auslegen; die Nussmasse auf dem Teig verteilen; den restlichen Teig zu einer Platte ausrollen und auf den Kuchen legen; das Eigelb verquirlen und den Teig damit bestreichen; mehrmals mit einer Gabel einstechen; im vorgeheizten Backofen auf der mittleren Einschubleiste etwa 40 Minuten bei 180 bis 200 °C backen.

Kleine Erdnussfladen

- *Zutaten für den Teig:* 350 g Mehl, 150 g Weizenschrot, 2 Tl Salz, 2 Tl Zucker, 30 g Hefe, 1/8 l lauwarme Milch, 1/8 l lauwarmes Wasser, 50 g weiche Butter
- *Außerdem:* Milch zum Bestreichen, 30 g ungesalzene, gehackte Erdnüsse
- *Zubereitung:* Das Mehl mit dem Schrot in einer Schüssel mischen; in die Mitte eine Mulde drücken und das Salz und den Zucker am Rand verteilen; die Hefe in die Mulde bröckeln; die Milch dazugießen; mit etwas Mehl mischen und zu einem Vorteig verrühren; zugedeckt etwa 30 Minuten gehen lassen; das Wasser und die Butter dazugeben; alles zu einem einheitlichen, glatten Teig verkneten; zugedeckt nochmals so lange gehen lassen, bis sich das Volumen verdoppelt hat; den Teig nochmals durchkneten und in 9 Portionen teilen; jede Portion zu einer Kugel formen und anschließend flach drücken, sodass ein Fladen entsteht; die Fladen auf ein gefettetes Blech legen, mit Milch bestreichen und mit den Erdnüssen bestreuen; zugedeckt weitere 15 Minuten gehen lassen; im vorgeheizten Backofen auf der mittleren Schiene etwa 20 Minuten bei 200 °C backen.

——————————————— 99

Lösungen zum Arbeitsblatt

1. Gesalzene und ungesalzene, geschälte und ungeschälte Nüsse sowie deren Verarbeitungsprodukte zu Süßigkeiten und Nahrungsmitteln wie „Mr. Tom", Erdnussflips, Schokolade, Jogurt, Erdnussöl, Margarine, Butter etc.
2. Die Früchte reifen unter der Erde.
3. Familie: Schmetterlingsblütler; Frucht: Hülse
4. Ginster, Klee, Platterbse, Erbse, Bohne, Luzerne, Wicke etc.

Literatur

BÄRTELS, A.: Farbatlas der Tropenpflanzen. Ulmer, Stuttgart 1989

Wer kennt die Erdnuss?

Die Erdnuss stammt aus Südamerika. Aus zwei wild wachsenden Erdnussarten haben Indios eine Kulturpflanze gezüchtet. Diese wurde schon vor etwa 2000 Jahren als Nahrungsmittel angebaut, denn die Früchte enthalten viel Öl, Eiweiß, Zucker und Stärke sowie verschiedene Vitamine.

Aufgaben

1. Sicher hast du schon einmal gesalzene Erdnüsse gegessen. Aus Erdnüssen kann man aber noch mehr machen. Schau dich in einem Supermarkt nach Produkten um, die mit Erdnüssen gemacht sind und liste sie auf.

   _____

   _____

2. Schau dir die abgebildete Erdnusspflanze genau an. Was fällt dir auf? Kannst du den Namen „Erdnuss" erkären?

   _____

   _____

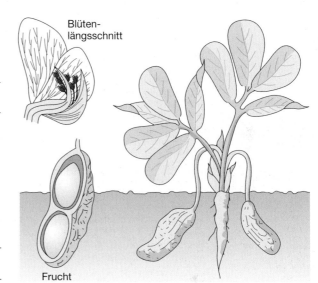

3. Die Erdnuss gehört zu einer Pflanzenfamilie, die du schon kennst. Die Abbildung zeigt auch eine typische Blüte. Um welche Pflanzenfamilie handelt es sich? Wie müsste man also die Erdnussfrucht eigentlich nennen?

   Familie: _____

   Bezeichnung der Frucht: _____

4. Bei uns sind viele Vertreter dieser Pflanzenfamilie heimisch oder werden angebaut. Nenne einige davon.

   _____

5. Aus den unten abgebildeten Blütenteilen lässt sich das Modell einer typischen Blüte der gesuchten Familie bauen. Füge die Teile zusammen.

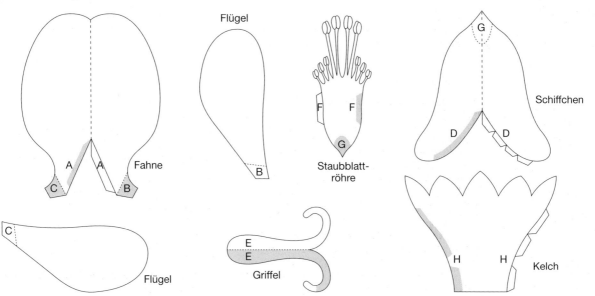

Pflanzen bestimmen macht Spaß

- **Klassenstufe:** 5–10
- **Schwerpunkt:** Samenpflanzen; Ökologie
- **Voraussetzungen:** Bau von Samenpflanzen, Standortansprüche

Didaktisch-methodische Hinweise

Kinder und Jugendliche verfügen in der Regel über eine sehr geringe Pflanzenkenntnis, zumal wenn sie in Siedlungsgebieten leben, wo versiegelte Flächen überwiegen. Die Motivation, Pflanzenarten kennenzulernen hält sich meist in Grenzen. Der Umgang mit Bestimmungsbüchern wird oft als kompliziert empfunden, nicht zuletzt aufgrund der oft unüberschaubaren Vielzahl der darin vorgestellten Arten.

Der Gewöhnliche Löwenzahn *(Taraxacum offizinale)* begegnet uns nicht nur auf gedüngten Wiesen, an Weg- und Ackerrändern, er ist auch mitten in Siedlungsgebieten zu finden, wo er als kleinwüchsige Modifikation sogar in Pflasterritzen vorkommt. Er ist relativ häufig und man kann mit einigem Optimismus davon ausgehen, dass die „Pusteblume" zu den Pflanzenarten gehört, die Schülerinnen und Schülern am ehesten bekannt sind. Ähnlich verhält es sich mit den beiden weiteren auf dem Arbeitsblatt vorgestellten Arten, dem Gänseblümchen *(Bellis perennis)* und der Großen Brennnessel *(Urtica dioica)*.

Eine solche Pflanzenauswahl erleichtert den Einstieg in die Pflanzenbestimmung. Allerdings: Nur den Namen einer Pflanzenart zu kennen, ist „leeres" Wissen. Interessant wird eine Art durch eigene Erfahrungen mit ihr. Wer z. B. einmal junge Löwenzahnblätter gesammelt und daraus einen Salat zubereitet hat, wird die Pflanze wohl nie mehr mit einer anderen verwechseln.

Vorschläge zur Weiterarbeit:
- Fundorte und Hinweise unter „Vorkommen" vergleichen (Gibt es Übereinstimmungen? Kann man auf die Standortverhältnisse an den Fundorten schließen?);
- weitere Verwendungsmöglichkeiten herausfinden (z. B. Brennnesselshampoos usw.); Rezepte besorgen; sonstige interessante Informationen sammeln;
- Grafiken auf dem Arbeitsblatt mit Farbstiften naturgetreu anmalen;
- fertig ausgefüllte „Pflanzenkarten" ausschneiden und eine Sammlung anlegen, die durch andere Arten erweitert wird;
- zusätzlich ein Herbar anlegen.

Lösungen zum Arbeitsblatt

Gewöhnlicher Löwenzahn
Besondere Kennzeichen: Blätter in grundständiger Rosette, buchtig eingeschnitten, grob gezähnt; Körbchen einzeln am Ende eines blattlosen, glatten Stängels, Stängel hohl; Pflanze mit Milchsaft.

Gänseblümchen
Besondere Kennzeichen: Blätter in grundständiger Rosette; Zungenblüten weiß, auf der Unterseite oft rötlich überlaufen; Blütenköpfchen bis 1,5 cm breit.

Große Brennnessel
Besondere Kennzeichen: Stängel und Blätter mit Brennhaaren; Blätter am Grund herzförmig, Rand grob gesägt; Blüten unscheinbar.

99 — Zusatzinformation

Weitere häufige Pflanzenarten

Echte Kamille *(Matricaria chamomilla)*

Ein Tee aus Kamillenblüten wirkt krampflösend und entzündungshemmend.

Weiße Taubnessel *(Lamium album)*

Ein Tee aus den Blüten der Weißen Taubnessel hilft gegen Schlaflosigkeit.

Scharfer Hahnenfuß *(Ranunculus acris)*

Das frisch zerquetschte Kraut der Pflanze wurde früher als Warzenmittel eingesetzt. In manchen Gegenden werden Hahnenfußarten auch „Butterblume" genannt.

Literatur

BERGAU, M., MÜLLER, H., PROBST, W., SCHÄFER, B.: Streifzüge durch Dorf und Stadt – Pflanzen. Ein ökologisches Bestimmungsbuch. Klettbuch 12554. Klett, Stuttgart 1999

Der Löwenzahn und andere interessante Pflanzenarten

Die Pflanzen, die auf dieser Seite abgebildet sind, habt ihr bestimmt schon einmal gesehen. Sucht in der Umgebung eurer Schule oder in eurem Wohnort nach ihnen. Notiert die besonderen Kennzeichen dieser Pflanzenarten und die Fundorte. Wenn ihr nicht sicher seid, nehmt ein Pflanzenbestimmungsbuch zu Hilfe.

Gewöhnlicher Löwenzahn (✳ April / Mai – Okt.)
(Korbblütengewächse)

Besondere Kennzeichen: _____

_____

Fundorte: _____

_____

Vorkommen: Der Gewöhnliche Löwenzahn wächst auf Rasen, Wiesen und Weiden, besonders wenn diese intensiv gedüngt sind. Er kommt aber auch an Mauern und in Pflasterritzen vor.
Verwendung: Aus den Blättern des jungen Löwenzahns kann man einen schmackhaften Salat zubereiten.

Gänseblümchen (✳ Febr. – Nov.)
(Korbblütengewächse)

Besondere Kennzeichen: _____

_____

Fundorte: _____

_____

Vorkommen: Gänseblümchen wachsen auf Rasen, Wiesen, Weiden und an Wegrändern. Sie bevorzugen mäßig stickstoffreiche Böden und vertragen häufiges Mähen und Tritt.
Verwendung: Aus den Blüten des Gänseblümchens lässt sich ein Tee zubereiten, der gegen Verstopfung wirkt.

Große Brennnessel (✳ Juni – Sept.)
(Brennnesselgewächse)

Besondere Kennzeichen: _____

_____

Fundorte: _____

_____

Vorkommen: Die Große Brennnessel findet man oft massenhaft an Weg- und Ackerrändern und an Gewässerufern. Sie zeigt stickstoffreiche Böden an.
Verwendung: Junge Brennnesselblätter kann man als spinatähnliches Gemüse essen. Brennnesseltee fördert die Durchblutung.

Der „Nischenbaum" – ein Modell zum Begriff „ökologische Nische"

- **Klassenstufe:** 9/10
- **Schwerpunkt:** Ökologie; Evolution
- **Voraussetzungen:** Grundkenntnisse der Ökologie, biotische und abiotische Wechselwirkungen

Didaktisch-methodische Hinweise

Schülerinnen und Schüler bereitet der abstrakte Begriff „ökologische Nische" oft erhebliche Schwierigkeiten. Häufig setzen sie ihn mit dem konkreten „Wohnort" gleich, an dem sich ein Organismus angesiedelt hat (vgl. auch Zusatzinformation; GRINELL 1917). Das Arbeitsblatt bietet ein Modell, anhand dessen der Begriff „ökologische Nische" veranschaulicht werden kann. Daneben kann es auch dazu dienen, den Vorgang der Einnischung und die Entstehung der Arten zu verdeutlichen. Der „Nischenbaum" stellt die natürlichen Verhältnisse zwangsläufig vereinfacht dar. Der Buntspecht kommt beispielsweise auch zusammen mit Schwarzspecht, Grün- und Grauspecht vor. Die Angaben auf dem Arbeitsblatt erlauben es, den Buntspecht auch gegen diese Arten eindeutig abzugrenzen.

99 — Zusatzinformation

Ältere Definitionen des Begriffs „ökologische Nische"

Es ist eine Stelle im Raum, ein abgegrenzter Teil des Standorts. (GRINELL, 1917)

Es ist die Stellung der Art im Ökosystem bzw. die Rolle, die eine Organismenart in einem Lebensraum spielt. (ELTON, 1927). ELTON prägte den englischen Begriff „niche", beschränkte ihn aber auf die Beziehungen einer Art zu ihrer Nahrung und ihren Feinden. Dies wird später zum Begriff „Wirkungsfeld" oder „Beruf" erweitert.
Es ist die ökologische Planstelle, die eine Art innerhalb einer Nahrungskette einnimmt. (KÜHNELT, 1948)

Es sind alle für die Art notwendigen Umweltbeziehungen. (HUTCHINSON, 1957)

Die ökologische Nische ist ein multidimensionales Beziehungssystem zwischen einer Tierart und ihrer Umwelt. (OSCHE, 1975)

Die Vermeidung zwischenartlicher Konkurrenz wird darin deutlich, dass relativ ähnliche Organismen ihre Umgebung in entscheidenden Punkten anders nutzen. So schaffen sie die Grundlage zur Koexistenz im gleichen Lebensraum. Diese Situation wird mit dem Begriff „ökologische Nische" belegt. (KALUSCHE, 1989)

Lösungen zum Arbeitsblatt

1. *Schwarzspecht:* **nur** in größeren zusammenhängenden Waldgebieten; vor allem tierische Kost, Hackspecht; Kiefern; meist unterhalb des 1. Astes, 8 – 15 m über dem Grund.
   Buntspecht: **auch** in lichteren Laubmischwäldern und offeneren Landschaften; Nahrung sehr vielseitig, Hackspecht; verschiedene Baumarten; morsches Holz, Stämme und Äste, 3 – 8 m über dem Grund.
   Mittelspecht: **auch** in lichteren Laubmischwäldern und offeneren Landschaften; Insekten und Larven, Suchspecht; Laubhölzer; morsches Holz, Stämme und Äste, 5 – 10 m über dem Grund.
   Grünspecht: **nur** in offeneren Landschaften; Ameisen, deren Larven und Puppen, Erdspecht; verschiedene Baumarten; morsches Holz, 1,5 – 8 m über dem Grund.
   Grauspecht: **nur** in offeneren Landschaften; Insekten, Beeren usw., Erdspecht; verschiedene Baumarten; 1,5 – 8 m über dem Grund.

2. Ökologische Nische: Dies beschreibt die Gesamtheit der Beziehungen zwischen einer Art und ihrer Umwelt. Sie stellt ein multidimensionales Beziehungsgefüge dar, das von einer Art im Verlauf der Evolution ausgebildet wurde und jederzeit wieder veränderlich ist. In diesem System der Wechselbeziehungen bringt die Art durch ihre Organisation und ihr Verhalten bestimmte Voraussetzungen mit. Dort wo sich die ökologische Potenz des Organismus und das Angebot der Umweltfaktoren überschneiden, kann eine ökologische Nische ausgebildet werden. In Konkurrenz mit anderen Arten ermöglicht dies das Überleben der Art.

Literatur

BEZZEL, E.: Kompendium der Vögel Mitteleuropas. Nonpasseriformes. Aula-Verlag, Wiesbaden 1985

Schwarzspecht

Buntspecht, Mittelspecht, Grauspecht

Grünspecht

Ökologische Nischen einheimischer Spechtarten

Buntspecht: In allen Laub- und Nadelwaldlandschaften anzutreffen, auch in Parks, Gärten, auf Obstwiesen usw.; häufigster unserer Spechte; Nahrung vielseitiger als bei anderen Spechten; vor allem relativ viel pflanzliche Kost (z.B. Beeren und fettreiche Samen, letzere besonders im Winter), holzbewohnende Insektenlarven u.ä., „Hackspecht"; Bruthöhlen bevorzugt in Stämmen, aber auch in starken Ästen verschiedener Baumarten, bevorzugt in morschem Holz, 3 bis 8 m über dem Grund.

Mittelspecht: In lückigen Laubmischwäldern, stark an das Vorkommen von Eichen gebunden; im Anschluss an Eichenwälder auch in Parklandschaften, Gärten usw.; Nahrung überwiegend Insekten und deren Larven; sucht sie von Zweigen und Blättern ab („Suchspecht"); Bruthöhlen bevorzugt in starken Ästen, aber auch in Stämmen von Laubhölzern, fast immer in morschem Holz, 5 bis 10 m über dem Grund.

Schwarzspecht: Beansprucht größere zusammenhängende Nadel- oder Mischwälder; frisst vor allem Insekten und deren Larven, Spinnen, kleine Schnecken, sehr selten Beeren und andere Früchte; größter einheimischer Specht; kann mit seinem kräftigen Schnabel auch härteres Holz bearbeiten; Nistbäume bevorzugt Buchen und Kiefern, Bruthöhle meist unterhalb des ersten Astes, 8 bis 15 m über dem Grund.

Grünspecht: In Parkanlagen u.ä. offeneren Landschaften, in Laub- und Mischwäldern nur in Randzonen oder wenn größere Lichtungen vorhanden sind; Nahrung überwiegend Ameisen, deren Larven und Puppen, in geringem Umfang auch andere Gliederfüßer, Regenwürmer, Schnecken und Obst; als „Erdspecht" sucht er seine Nahrung am Boden lichter Stellen; Bruthöhlen in verschiedenen Baumarten, bevorzugt an morschen Stellen 1,5 bis 8 m über dem Grund.

Grauspecht: In Landschaften mit einem hohen Anteil an offenen Flächen, z.B. in Parks und Gärten, auf Obstwiesen; bezüglich der Nahrung weniger spezialisiert, Ameisen und andere Insekten, ebenso Beeren, Obst und Samen; „Erdspecht", sucht den Boden nach Nahrung ab; Bruthöhlen in verschiedenen Baumarten, 1,5 bis 8 m über dem Grund.

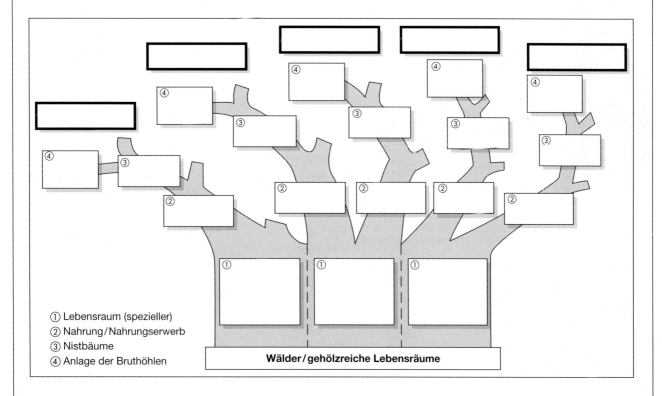

① Lebensraum (spezieller)
② Nahrung/Nahrungserwerb
③ Nistbäume
④ Anlage der Bruthöhlen

Wälder/gehölzreiche Lebensräume

Aufgaben

1. Werte die Specht-Texte aus. Die genannten Arten kommen zum Teil gemeinsam vor, unterscheiden sich aber in Lebensweise und Umweltansprüchen. Fülle den „Nischenbaum" (Abb. oben) aus und trage am Ende der Verzweigungen den Namen der jeweiligen Spechtart ein.

2. Was ist eine „ökologische Nische"? Notiere eine möglichst umfassende Definition des Begriffs in dein Heft. Nimm auch dein Biologiebuch zu Hilfe.

Pflanzenschutzmittel gefährden Greifvögel

- **Klassenstufe:** 7–10
- **Schwerpunkt:** Ökologie
- **Voraussetzungen:** Nahrungskette, Nahrungsnetz, Produzenten, Konsumenten, Anreicherung von Schadstoffen in der Nahrungskette

Pestizide
(eigentl.: Mittel gegen Pflanzenkrankheiten) im weiteren Sinn: Pflanzenschutzmittel aller Art (Insektizide, Fungizide, Herbizide, usw.)

Carbofuran
Breitband-Insektizid; auch gegen Milben und Nematoden (Fadenwürmer) in Obst-, Gemüse- und Getreidekulturen

Cadmium
Cd; gelangt über Autoabgase und Industrieemissionen in die Umwelt; reichert sich in Leber und Nieren an; gilt als Auslöser der *Itai-Itai-Krankheit* (Skelettveränderungen, Tod)

Sachinformation

Mehr als 30 verschiedene Regenwurmarten schaffen durch die intensive Bodenbearbeitung optimale Voraussetzungen für das Pflanzenwachstum. Sie durchlüften den Boden und zerkleinern Pflanzenreste. Durch ihre Wühlarbeit wird der Boden lockerer. Das Regenwasser kann schneller eindringen. Die einzelnen Bodenschichten werden gut durchmischt. Regenwürmer ziehen welke Pflanzenteile in ihre Röhren und beschleunigen deren Abbau. Erdbestandteile und verdaute Pflanzenreste geben dem Wurmkot eine krümelige Struktur. Stickstoff, Phosphat, Kalium und Magnesium sind darin in höherer Konzentration als in der umgebenden Erde enthalten. Durch die im Wurmkot enthaltenen Enzyme (und zum Teil Antibiotika) werden der Bestand des Bodens an Mikroorganismen und sein pH-Wert günstig beeinflusst. Es ist schon länger bekannt, dass Regenwürmer neben Pestiziden auch Schwermetalle, wie z. B. das Cadmium, anreichern. Regenwürmer sind eiweißreich und dienen vielen weiteren Tieren als Nahrung. Auf diese Weise gelangen die Schadstoffe in die Nahrungskette.

Lösungen zum Arbeitsblatt

1. **Regenwurm:** Substratfresser; er ernährt sich von Pflanzenresten und allen organischen Stoffen, die im Boden verrotten.
   Maulwurf: Insektenfresser; Hauptnahrung sind Regenwürmer und Insektenlarven, die er durch Absuchen seiner Jagdröhren erbeutet.
   Spitzmaus: Insektenfresser; neben Insekten auch andere Wirbellose.
   Amsel: Würmer, Schnecken, Insekten und reifes Obst.
   Greifvögel: kleine bis mittelgroße Säugetiere, Reptilien, Vögel, Fische und Amphibien, auch Insekten, Schnecken und Früchte.
2. Pfeile mit der Bedeutung „wird gefressen von" sind einzuzeichnen zwischen Pflanzenreste → Regenwurm; Regenwurm → Maulwurf, Spitzmaus, Amsel; Regenwurm → Mäusebussard, Rotmilan sowie zwischen Maulwurf, Spitzmaus, Amsel → Mäusebussard, Rotmilan.
3. s. Aufgabe 1; Carbofuran löst sich bei Regen auf; genau dann kommen die Regenwürmer in die oberen Bodenschichten.
4. Da sich das Pestizid in der Nahrungskette anreichern kann, sind insbesondere die Endkonsumenten gefährdet. (Ergänzung: Viele Schadstoffe reduzieren die Eischalendicke und vermindern damit den Bruterfolg.)
5. Durch solche „Breitbandpestizide" sind nicht nur die Greifvögel, sondern auch die Regenwürmer und die übrigen Konsumenten gefährdet.

> **Zusatzinformation**
>
> **Warum kommen Regenwürmer bei Regen massenweise aus dem Erdreich?**
>
> Die gängigste Theorie besagt, dass die Tiere vor dem Erstickungstod flüchten. Infolge des Regens entsteht Sauerstoffmangel in den Gängen unter der Oberfläche. Im Tageslicht können sie aber aufgrund ihrer UV-Empfindlichkeit innerhalb kurzer Zeit den Lichttod sterben. Eine weitere Hypothese macht die nachrutschenden Erdpartikel für die Flucht aus dem Boden verantwortlich. Relativ unwahrscheinlich klingt die Idee, die Regenwürmer würden das Regenwasser nutzen, um neue Gebiete zu besiedeln.

Literatur

BROWN, L.: Die Greifvögel – Ihre Biologie und Ökologie. Hamburg 1979

DIETERICH, D. R. et al.: Mortality of Birds of Prey Following Field Aplication of Granular Carbofuran: A Case Study. Arch. Environ. Contam. Toxicol. 29, 140–145, 1995

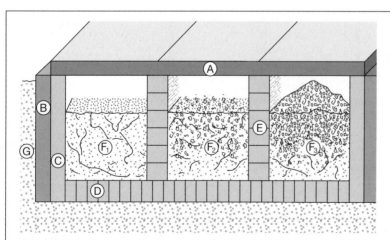

(Nach: Informationsblatt des Naturschutzbundes (NABU), Landesverband Niedersachsen e.V., Calenberger Straße 24, 30169 Hannover)

Aufbau einer Wurmfarm

Dreikammerbehälter: A: Styropor in schwarzer Folie als Deckel (Schutz vor Licht und Kälte), B: Isolierung, C: Betonplatte oder gemauerte Wand, D: unvermauerte, dicht gelegte Ziegelsteine (als Drainage und zum Schutz gegen Mäuse), E: Lochsteine, G: Erdboden, F_1: gehäckseltes Futter, F_2: von Würmern durchmischtes Futter, F_3: Wurmkot.

Die drei Kammern des Komposters werden nacheinander gefüllt. Ist in einer Kammer das Material zersetzt, wandern die Würmer durch die Lochsteine in die nächste Kammer und beginnen dort mit der Umsetzung. Die ideale Temperatur liegt bei etwa 20 °C. Der Wurmhumus wird nur auf die Erde aufgetragen, nie eingegraben.

Pflanzenschutzmittel gefährden Greifvögel

Seit Beginn der 80er-Jahre beobachteten Forscher in der Schweiz ein zunächst unerklärliches Greifvogelsterben. Regelmäßig fand man im Frühjahr Mäusebussarde, Schwarz- und Rotmilane mit Vergiftungserscheinungen. Neuere Untersuchungen haben nun erstaunliche Zusammenhänge aufgedeckt.

Aufgaben

1. Wovon ernähren sich die in der Abbildung dargestellten Tiere? Besorge dir Informationen aus Fachbüchern.

   Regenwurm: _____

   Maulwurf: _____

   Spitzmaus: _____

   Amsel: _____

   Mäusebussard: _____

   Rotmilan: _____

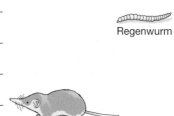
Rotmilan

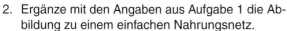
Mäusebussard

Amsel

Regenwurm

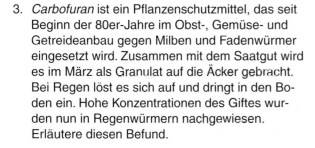
Spitzmaus   Maulwurf

2. Ergänze mit den Angaben aus Aufgabe 1 die Abbildung zu einem einfachen Nahrungsnetz.

3. *Carbofuran* ist ein Pflanzenschutzmittel, das seit Beginn der 80er-Jahre im Obst-, Gemüse- und Getreideanbau gegen Milben und Fadenwürmer eingesetzt wird. Zusammen mit dem Saatgut wird es im März als Granulat auf die Äcker gebracht. Bei Regen löst es sich auf und dringt in den Boden ein. Hohe Konzentrationen des Giftes wurden nun in Regenwürmern nachgewiesen. Erläutere diesen Befund.

organisches Material

   _____

4. Erkläre das in der Schweiz beobachtete Greifvogelsterben mithilfe der bisher erarbeiteten Informationen. Bedenke, dass Greifvögel wie der Mäusebussard oder der Rotmilan Endkonsumenten sind.

   _____

   _____

   _____

5. Umweltschützer fordern ein Verbot von Carbofuran. Fasse die Gründe dafür zusammen.

   _____

   _____

   _____

© Als Kopiervorlage freigegeben. Ernst Klett Verlag GmbH, Stuttgart 1998

Stärke: Vom Naturstoff zum technischen Produkt

- **Klassenstufe:** 9 / 10
- **Schwerpunkt:** Umwelt
- **Voraussetzungen:** Fotosynthese

Sachinformation

Fossile Rohstoffe
Jährlicher Verbrauch (weltweit):
3,25 Mrd. t Erdöl
3,43 Mrd. t Kohle
1900 Mrd. m³ Erdgas

bekannte Vorräte:
135 Mrd. t Erdöl
853 Mrd. t Kohle
138 000 Mrd. m³ Erdgas

Industriepflanzen
Hierzu zählen insbesondere Raps, Flachs, Rüben, Getreide, Kartoffeln, Sonnenblumen, Soja, Mais und Lein

Stärkenachweis
Durch Zugabe von Iodkaliumiodid-Lösung kann auf einfache Weise überprüft werden, ob eine Folie auf Stärkebasis hergestellt wurde.

Eine Liste von Herstellern und Vertreibern von Produkten aus nachwachsenden Rohstoffen ist erhältlich bei:
CARMEN
Technologiepark 13
97222 Rimpar
Tel.: 09365/8069-0

Weltweit werden jährlich mehr als 10 Milliarden Tonnen fossile Rohstoffe zur Herstellung von Massenprodukten und zur Energieerzeugung verbraucht. Dieser expansive Verbrauch fossiler Ressourcen kann nicht unbegrenzt fortgesetzt werden.

Aus diesem Grund gewinnen die nachwachsenden Rohstoffe wieder an Bedeutung. So setzt die chemische Industrie in Deutschland nach Angaben der BASF bereits heute 1,8 Millionen Tonnen nachwachsende Rohstoffe zu Produktionszwecken ein. Das sind immerhin knapp 10 % des gesamten Rohstoffverbrauchs.

Die Landwirtschaft Europas produziert bedingt durch die technische Entwicklung erhebliche Nahrungsmittelüberschüsse. Deshalb sind derzeit 4 % der landwirtschaftlichen Nutzflächen in der Bundesrepublik stillgelegt, langfristig rechnet man mit bis zu 20 %. Werden auf einem Teil dieser Flächen nun Energie- und Industriepflanzen angebaut, eröffnet sich auch der Landwirtschaft ein neuer Markt.

Stärke ist neben Zellulose der bedeutendste organisch-chemische Rohstoff. Sie wird vor allem aus Mais, Kartoffeln und Weizen gewonnen. Neben ihrem traditionellen Einsatz zur Herstellung von Papier, Pappe und Klebstoffen werden derzeit thermoplastische Werkstoffe auf Stärkebasis entwickelt. Diese „Biowerkstoffe" haben den Vorteil, dass sie im Kontakt mit Wasser und Boden von Bodenbakterien förmlich „aufgefressen" und zu Wasser und Kohlenstoffdioxid abgebaut werden (vgl. Seite 22).

Allerdings sind damit ihren Einsatzmöglichkeiten, vor allem im Lebensmittelbereich, noch klare Grenzen gesetzt. Sinnvoll können diese biologisch abbaubaren Werkstoffe dort eingesetzt werden, wo eine Wiederverwertung über Stoffrecycling nicht möglich oder energetisch nicht zu verantworten ist und wo Materialien nach deren Gebrauch der Natur überlassen werden müssen. Beispiele dafür sind: Kleinverpackungen, Müllbeutel, Gärtnerei- und Landwirtschaftsbedarf (Pflanztöpfe, Folien etc.) oder Stärkeschaumchips zur Auspolsterung von Verpackungen.

Hinweise und Lösungen zu den Arbeitsblättern

Die Kartoffel hat es in sich (S. 19)

Versuch A: Gewinnung eines Inhaltsstoffs der Kartoffel
Beobachtung: Es bildet sich ein pulverförmiger weißer Stoff.

Versuch B: Untersuchung des Kartoffel-Inhaltsstoffs
Beobachtung: In allen drei Gläsern kann nach dem Aufschütteln eine Dunkelblaufärbung beobachtet werden.
Ergebnis: Der pulverförmige weiße Stoff ist also Stärke.

Beim Mikroskopieren wird nun aufgrund der Struktur der Stärkekörner auch sichtbar, dass es sich bei der selbst gewonnenen Stärke um Kartoffelstärke handelt.

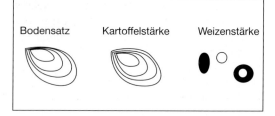

Herstellung einer Stärkefolie (S. 20)

Die auf die Acrylglasplatte gegossene „Lösung" geliert sofort und bildet nach zwei Tagen eine feste Haut. Diese Haut kann als ganze Folie abgezogen werden.

Hinweis: Die bei der Fotosynthese gebildete Glukose ist wasserlöslich und so für die Pflanze nicht speicherbar. Aus diesem Grund speichern die Pflanzen die Glukose in speziellen Depots, wie z. B. den Kartoffelknollen in Form von Stärke. Dabei liegt die Stärke in Form zweier sich unterscheidender Glukoseketten vor, unverzweigt als *Amylose* und buschartig verzweigt als *Amylopektin*. Da sich für die Werkstoffherstellung aber nur die unverzweigte Kette eignet, wird der verzweigte Anteil mit Salzsäure verringert.

PE-Folie und Stärkefolie im Vergleich (S. 21)

Versuch A: Reißfestigkeit längs und quer

	Stärkefolie	PE-Folie
Reißfestigkeit längs	20 N/mm²	22 N/mm²
Reißfestigkeit quer	15 N/mm²	15 N/mm²

Ergebnis: Hinsichtlich der Reißfestigkeit sind beide Folienarten etwa gleichwertig.

Versuch B: Hitzebeständigkeit

	Stärkefolie	PE-Folie
Reißfestigkeit längs	zerfällt	bleibt erhalten
Reißfestigkeit quer	zerfällt	bleibt erhalten

Versuch C: Säure- und Laugenbeständigkeit

	Stärkefolie	PE-Folie
Zugabe von Schwefelsäure	zerfällt	keine Reaktion
Zugabe von Natronlauge	zerfällt	keine Reaktion

Ergebnis: Hinsichtlich Hitzebeständigkeit und Beständigkeit gegenüber Säuren und Laugen weist die Stärkefolie klare Nachteile auf.

Literatur

siehe Seite 22

Die Kartoffel hat es in sich

Versuch A: Gewinnung eines Inhaltsstoffs der Kartoffel

Materialien:
Glasschale, Becherglas (400 ml), Geschirrtuch, Messer, Reibe, Pipette, Kartoffel, Iodkaliumiodid-Lösung, Speiseessig oder 5%ige Essigsäure

Durchführung:
Fülle ca. 200 ml Wasser in eine Glasschale und setze 10 ml Speiseessig oder 5%ige Essigsäure zu. Schäle eine rohe Kartoffel und reibe sie in die Schale. Die Essigsäure verhindert, dass die zerriebene Kartoffel sich braun färbt. Rühre den Brei mithilfe eines Spatels kurz auf und presse ihn durch ein Geschirrtuch in das Becherglas. Am Glasboden sammelt sich nach einigen Minuten ein Bodensatz.
Gieße das überstehende Wasser ab und lasse den Bodensatz auf einem Fließpapier trocknen.
Notiere deine Beobachtung.

_____

_____

Versuch B: Untersuchung des Kartoffel-Inhaltsstoffs

Materialien:
Lichtmikroskop, Objektträger, Deckgläschen, Pipette, Spatel, Reagenzglasständer mit Reagenzgläsern, Bodensatz von Versuch A, Kartoffelstärke, Weizenstärke, Iodkaliumiodid-Lösung

Durchführung:
Fülle 3 Reagenzgläser zu je einem Drittel mit Wasser. Gib nun in Glas 1 eine Spatelspitze des in Versuch A gewonnenen Bodensatzes, in Glas 2 eine Spatelspitze Kartoffelstärke und in Glas 3 eine Spatelspitze Weizenstärke. Versetze die 3 Proben mit je 10 Tropfen Iodkaliumiodid-Lösung und schüttle kräftig.
Was beobachtest du?

Glas 1: _____

Glas 2: _____

Glas 3: _____

Welcher Stoff wurde also aus der rohen Kartoffel gewonnen? _____

Gib nun mit der Pipette je einen Tropfen der aufgeschlämmten Stärkeproben auf einen Objektträger. Decke die Präparate mit einem Deckgläschen ab und mikroskopiere bei 150-facher und bei 400-facher Vergrößerung. Fertige jeweils eine Skizze an. In welcher Form liegt die Stärke vor? Unterscheiden sich die beiden Stärkearten voneinander?

Bodensatz	Kartoffelstärke	Weizenstärke

Herstellung einer Stärkefolie

Materialien:
Erlenmeyerkolben (250 ml), Gummistopfen mit Bohrung, Glasrohr (8 mm, 75 cm lang), Stativmaterial, Brenner, Dreibein, Drahtnetz, Messzylinder (25 ml), Pipette (5 ml), Waage, Acrylglasplatte, Kartoffelstärke, Salzsäure (0,1 mol/l), Natronlauge (0,1 mol/l), 85%ige Glycerinlösung

Durchführung:
Wiege 3 g Kartoffelstärke ab, gib sie in den Erlenmeyerkolben und versetzte sie mit 25 ml Wasser. Gib mit der Pipette 3 ml Salzsäure und 2 ml Glycerinlösung hinzu und rühre das Gemisch kräftig auf. Baue dann den Versuch nach folgender Versuchsskizze auf (auf saubere Geräte achten!).

Sicherheitshinweis:
Bevor du das Steigrohr in die Stopfenbohrung schiebst, tauche es in Glycerin, um die Gleitfähigkeit zu erhöhen. Befestige das Steigrohr an einem Stativ.

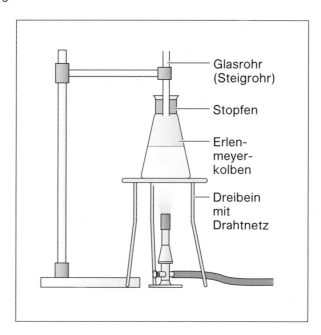

Lasse das Gemisch bei schwacher Hitze genau 15 Minuten kochen. Achte darauf, dass nicht zu viel Wasserdampf durch das Steigrohr entweicht. Dies verhinderst du, indem du bei starkem Aufschäumen den Brenner kurzzeitig entfernst. Beende die Reaktion durch Zugabe von 3 ml Natronlauge. Sollte die Lösung sofort gelieren, kann sie durch leichtes Erwärmen wieder verflüssigt werden.

Gieße die Lösung auf eine saubere Acrylglasplatte und lasse sie zwei Tage bei Raumtemperatur trocknen. Notiere deine Beobachtung:

_____

_____

_____

_____

Lockere die entstandene Folie am Rand und ziehe sie von der Acrylglasplatte ab. (Wenn du sauber gearbeitet hast, kannst du ein Stück davon essen!)

PE-Folie und Stärkefolie im Vergleich

Versuch A: Reißfestigkeit längs und quer

Materialien:
1 Holzbrettchen (10 cm x 5 cm), 2 Tischklemmen, 1 Schlauchklemme (4 cm breit), Hakengewichte, Schere,
1 Beutel aus Stärkefolie, 1 Beutel aus PE-Folie (jeweils gleiche Materialstärke)

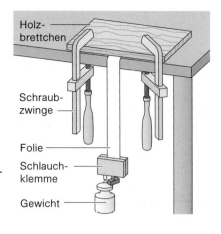

Durchführung:
Schneide aus PE- und Stärkebeutel jeweils zwei Streifen von 4 cm Breite und 40 cm Länge. Schneide dabei jeweils einmal in Längsrichtung und einmal in Querrichtung. Spanne die verschiedenen Streifen nacheinander zwischen einem Holzbrett und der Tischfläche fest (s. Abb.). Befestige am freien Folienende die Schlauchklemme. An die Schlauchklemme können nun Hakengewichte angehängt werden.
Bei welcher Zugkraft (in Newton) reißt die Folie?

	Stärkefolie	PE-Folie
Reißfestigkeit längs		
Reißfestigkeit quer		

Ergebnis: _____

Versuch B: Hitzebeständigkeit

Materialien:
Becherglas (600 ml), Brenner, Dreibein mit Drahtnetz, Stärkebeutel, PE-Beutel

Durchführung:
Schneide aus PE-Beutel und Stärkebeutel weitere Streifen (s. Versuch A) und koche sie in einem 600 ml-Becherglas jeweils 5 Minuten lang. Entnimm die Streifen dem Wasser, lasse sie kurz abkühlen und führe danach die Tests zur Reißfestigkeit durch (Vers. A). Protokolliere deine Ergebnisse!

	Stärkefolie	PE-Folie
Reißfestigkeit längs		
Reißfestigkeit quer		

Ergebnis: _____

Versuch C: Säure- und Laugenbeständigkeit

Materialien:
Reagenzglasständer mit Reagenzgläsern, Schere, Pinzette, Stärke- und PE-Beutel, 10%ige Schwefelsäure, 10%ige Natronlauge

Durchführung:
Schneide aus den Beuteln je zwei Streifen (5 cm x 1 cm) und gib sie einzeln in jeweils ein Reagenzglas. Vergiss nicht, die Reagenzgläser zu beschriften! Gib zu einem der PE- und einem der Stärkestreifen jeweils ca. zwei Daumenbreiten Schwefelsäure, zu den beiden weiteren Streifen zwei Daumenbreiten Natronlauge. Sind Veränderungen sofort zu beobachten? Lasse die Gläser zwei bis drei Tage stehen und vergleiche danach.

	Stärkefolie	PE-Folie
Zugabe von Schwefelsäure		
Zugabe von Natronlauge		

Ergebnis: _____

Stärkefolie – Abbau durch Verrotten

- **Klassenstufe:** 9 / 10
- **Schwerpunkt:** Umwelt
- **Voraussetzungen:** Fotosynthese, Zellatmung, Abbau organischer Stoffe durch Verrotten

Sachinformation

Kunststoffprodukte werden auf der Basis des fossilen Rohstoffs Erdöl hergestellt. Die Erdölreserven sind endlich; sie wurden in Jahrmillionen gebildet und werden jetzt innerhalb kürzester Zeit verbraucht. Werden Kunststoffe zu Müll, ergeben sich weitere Probleme, denn sie sind biologisch nicht abbaubar.

Auf Stärkebasis hergestellte Werkstoffe haben demgegenüber unbestreitbare Vorteile. Der Rohstoff Stärke wird von Pflanzen durch Fotosynthese immer wieder neu gebildet. Nach Gebrauch können Stärkeprodukte einfach kompostiert werden. Sie werden damit dem natürlichen Stoffkreislauf wieder zugeführt. Das ist echtes Recycling.

Allerdings ist derzeit der Ersatz konventionell hergestellter Verpackungskunststoffe durch Stärkeprodukte in großem Stil noch nicht möglich, da die „Biokunststoffe" z.B. dem Standard hinsichtlich der Wasserdampf- und Sauerstoffundurchlässigkeit nicht entsprechen. Dies ist insbesondere dann von Bedeutung, wenn sie im Bereich der Lebensmittelverpackung eingesetzt werden sollen.

Hinweise und Lösungen zu den Arbeitsblättern

Müllprobleme? – Stärkefolie und PE-Folie im Vergleich (S. 23)

Veränderung der Stärkefolie:
- nach 3 Tagen: leichte Trübung der Oberfläche
- nach 1 Woche: stärkere Trübung der Oberfläche
- nach 2 Wochen: einige Löcher
- nach 4 Wochen: starker Lochfraß

Die PE-Folie zeigt keine Veränderungen.

Ergebnis: Stärkefolie ist kompostierbar. (Nach ungefähr 4 Monaten ist sie vollständig zersetzt). PE-Folie kann nicht kompostiert werden, da sie von Mikroorganismen nicht angegriffen wird.

Der Einsatz von „Biokunststoffen" ist heute bereits dort sinnvoll, wo die Produkte direkt der Kompostierung zugeführt werden, wie zum Beispiel bei Müllbeuteln und Säcken. Ebenso eignen sich Kunststoffe auf Stärkebasis für die Herstellung von Pflanztöpfen und Folien für Gärtnereien oder landwirtschaftliche Betriebe, für Einwegbecher und Geschirr, wo auf dieses nicht verzichtet werden kann, sowie für Schaumchips zur Auspolsterung von Verpackungen.

Die Abbauprodukte von Stärkefolie und von PE-Folie (S. 24)

1. *Beobachtung:* Das Becherglas beschlägt beim Verbrennen beider Folien.
   Ergebnis: Ein Zersetzungsprodukt beider Folien ist Wasser in Form von Wasserdampf.
2. *Beobachtung:* Beim Verbrennen beider Folien wird das Kalkwasser getrübt.
   Ergebnis: Beide Folien verbrennen zu Kohlenstoffdioxid.

Jogurtbecher und Co. – Lebensläufe von Produkten (S. 25)

Ergänzung: Das bei der Kompostierung der Stärkefolie anfallende Kohlenstoffdioxid entspricht exakt der Menge, die zuvor beim Aufbau der Stärke (durch Fotosynthese) der Atmosphäre entzogen wurde. Somit ist der Abbau kohlenstoffdioxidneutral. Für Saat, Düngung und Ernte der Stärkepflanzen sowie die Weiterverarbeitung der Stärke ist allerdings der Einsatz fossiler Energieträger erforderlich, im Vergleich zur Herstellung von Kunststoffen auf Kohlenwasserstoffbasis (hier werden bereits fossile Stoffe als Rohstoff eingesetzt) jedoch stark reduziert (Lösung s. Abb.).

Literatur

BENZ, M., SCHARF, K. H., WEBER, T.: Nachwachsende Rohstoffe. Aulis Verlag, Köln 1997

BADER, J., NICK, S., MELLE, I.: Nachwachsende Rohstoffe – Die Natur als chemische Fabrik. Fachagentur Nachwachsende Rohstoffe e. V., Gülzow 1997

IPSER, H., MIKULA, A.: Nachwachsende Rohstoffe – Perspektiven für die Chemie. In: Nachr. Chem. Techn. Lab. 42 (1994) Nr. 10

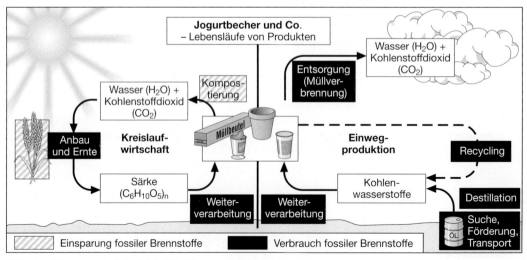

Abb. 1   Lösung zum Arbeitsblatt S. 25

Müllprobleme? – Stärkefolie und PE-Folie im Vergleich

Materialien:
2 Weithals-Bechergläser (400 ml), 8 Dia-Klapprähmchen, Schere, Stereolupe, PE-Folie, Stärkefolie, Komposterde

Durchführung:
Fülle die beiden Bechergläser 6 cm hoch mit Komposterde und feuchte diese an. Schneide aus beiden Folien jeweils 4 Stücke und spanne diese in die Diarähmchen ein. Stecke die Rähmchen im Hochformat zu zwei Dritteln in die Komposterde. Die mit der Stärkefolie und die mit PE-Folie kommen in getrennte Gläser. Achte darauf, dass die Bechergläser nicht der direkten Sonneneinstrahlung ausgesetzt sind und halte die Komposterde stets etwas feucht.
Entnimm jedem der Gläser nach 3 Tagen, nach einer Woche, nach 2 Wochen und nach 4 Wochen jeweils ein Rähmchen und beurteile den Grad der Zersetzung der Folien. Nimm auch die Stereolupe zu Hilfe und beschreibe (Folien intakt, brüchig, schleimig, in Auflösung, Farbe, Fraßspuren oder Pilzgeflechte?).

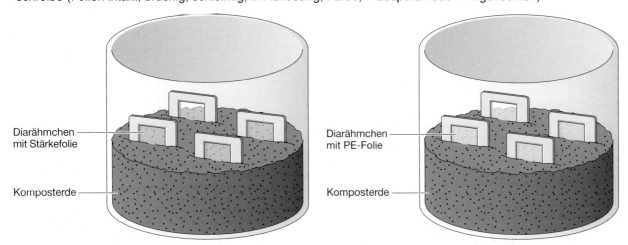

	Stärkefolie	PE-Folie
nach 3 Tagen		
nach 1 Woche		
nach 2 Wochen		
nach 4 Wochen		

Ergebnis: _____

_____

_____

Überlege sinnvolle Einsatzmöglichkeiten für Stärke„kunststoffe". Berücksichtige dabei deine Versuchsergebnisse!

_____

_____

_____

© Als Kopiervorlage freigegeben. Ernst Klett Verlag GmbH, Stuttgart 1998

Die Abbauprodukte von Stärkefolie und von PE-Folie

Eine Möglichkeit, Kunststoffabfälle zu entsorgen, ist die sogenannte *thermische Verwertung*. Die Kunststoffe werden verbrannt und die dabei frei werdende Energie kann genutzt werden.

Materialien:
Brenner, Tiegelzange, Becherglas, Standzylinder mit Abdeckung, Abdampfschale, PE-Folie, Stärkefolie, klares Kalkwasser

Durchführung:

1. Entzünde in der Abdampfschale einen PE-Streifen von 5 cm Breite und 10 cm Länge und halte ein kaltes Becherglas 5 Sekunden lang über die Flamme. Verfahre mit der Stärkefolie genauso und notiere deine Beobachtungen.

   PE-Folie: _____

   _____

   Stärkefolie: _____

   _____

   Welches Zersetzungsprodukt kann jeweils nachgewiesen werden?

   _____

2. Gib in den Standzylinder ca. 1 cm hoch klares Kalkwasser. Entzünde eine PE-Probe (Streifen 2 cm breit und 10 cm lang) und tauche sie in den Standzylinder. Lasse sie im Zylinder abbrennen, decke den Zylinder danach mit der Glasplatte ab und schüttle kräftig. Führe nun den Versuch auf dieselbe Weise mit Stärkefolie durch und notiere deine Beobachtungen.

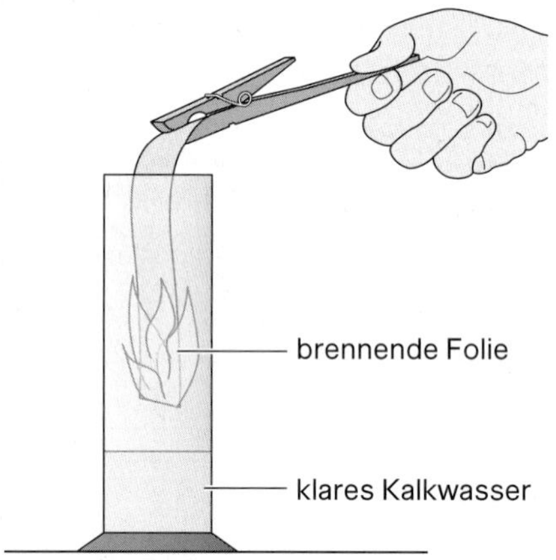

   PE-Folie: _____

   _____

   Stärkefolie: _____

   _____

   Welches Zersetzungsprodukt wurde nachgewiesen?

   _____

   Zu welchen Produkten lassen sich PE-Folie und Stärkefolie abbauen? Fasse deine Versuchsergebnisse zusammen!

   PE- Folie: _____

   Stärkefolie: _____

Jogurtbecher und Co. – Lebensläufe von Produkten

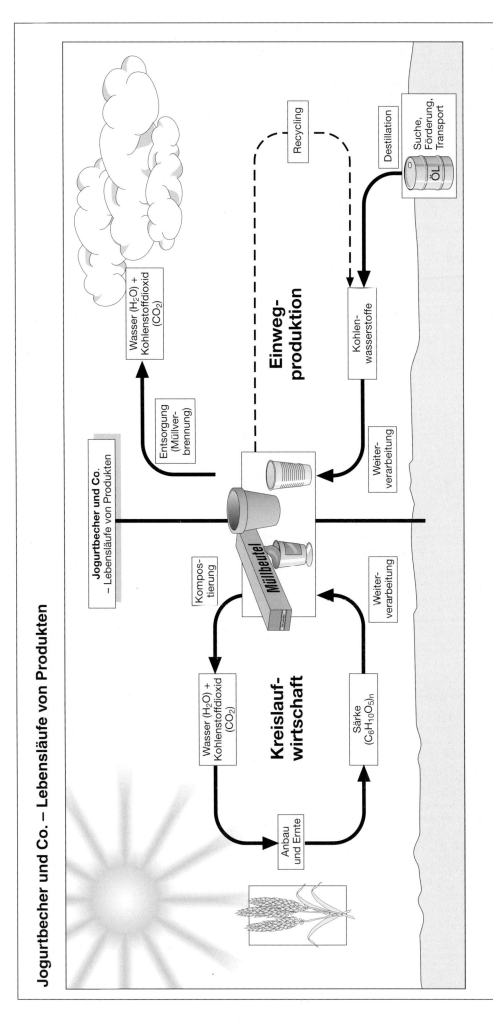

Aufgaben

1. Setze die fehlenden Begriffe in die dafür vorgesehenen Felder ein: Kreislaufwirtschaft, Einwegproduktion, Stärke ($C_6H_{10}O_5$)$_n$, Wasser (H_2O) + Kohlenstoffdioxid (CO_2), Kohlenwasserstoffe.
2. Unterstreiche die Verfahren, die mit dem Einsatz fossiler Rohstoffe (zur Herstellung der abgebildeten Produkte oder als Energieträger) verbunden sind, mit rotem Farbstift.
3. Aus „nachwachsenden Rohstoffen", z.B. auf Stärkebasis, hergestellte Produkte helfen fossile Rohstoffe einzusparen. Markiere die entsprechenden Stellen mit grünem Farbstift.

Lernzirkel: Blutgruppen und Rhesusfaktor

- **Klassenstufe:** 7–10
- **Schwerpunkt:** Blut / Herz / Kreislauf
- **Voraussetzungen:** Zusammensetzung des Blutes, Aufgaben der Blutbestandteile

Didaktisch-methodische Hinweise

Die Arbeit in einem Lernzirkel fördert eigenständiges Handeln und schafft eine freie Lernatmosphäre. Das angebotene Material ermöglicht es Schülerinnen und Schülern, das Thema einzeln oder in Gruppen selbstständig zu erarbeiten und mithilfe des Lösungsblattes die Ergebnisse selbstständig zu kontrollieren. Dabei hängt es von der Situation in der Klasse ab, ob die Lösungen gleich mitgeliefert oder erst nach getaner Arbeit ausgehändigt werden. Für einen Durchlauf werden ca. zwei Schulstunden benötigt.

Einstiegsmöglichkeiten: Station **1**, 2, 3, 4, 5; Station **2**, 1, 3, 4, 5; Station **4**, 1, 2, 3, 5.

Lösungen

Station 1: Ausschneidebogen „Blutgruppen"

Blutgruppe A:

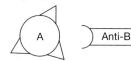

Blutgruppe B:

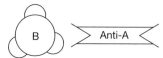

Blutgruppe AB:

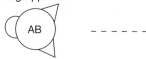

Blutgruppe 0:

Station 2: Die Blutgruppen

1. Das Wissen um die Blutgruppenzugehörigkeit ist bei einer Blutübertragung *(Bluttransfusion)* lebenswichtig.
2. *Antigene* nennt man die Eiweißgruppen auf den roten Blutzellen; *Antikörper* nennt man die Eiweißgruppen im Blutserum.
3. Die verschiedenen Blutgruppen unterscheiden sich durch die Antigene auf den roten Blutzellen voneinander.
4. Auf den roten Blutzellen sitzen entweder
   – Antigene A
   – Antigene B
   – Antigene A und B
   – überhaupt keine Antigene.
   Die vier Blutgruppen werden entsprechend A, B, AB oder 0 genannt.

Station 3: So bestimmt man Blutgruppen

1. Alexander hat Blutgruppe B.
2. Wird Blut der falschen Blutgruppe übertragen, kommt es zur Verklumpung roter Blutzellen. Das kann zum Tod führen.

Station 4: Der Rhesusfaktor

1. Wenn die Mutter rhesuspositiv ist, besitzt ihr Blut den Rhesusfaktor (das Rhesusprotein). Es werden keine Antikörper gegen diesen gebildet. Es ist also gleich, ob das Kind Rh$^+$ oder rh$^-$ ist.
2. Bei der ersten Schwangerschaft sind im Blut der rh$^-$-Mutter noch keine Antikörper gegen das Rhesusprotein vorhanden. Erst bei der Geburt eines Rh$^+$-Kindes kann Blut dieses Kindes in den Kreislauf der Mutter übertreten. Erst dann bilden die weißen Blutzellen der Mutter Antikörper gegen das Rhesusprotein. Bei einer zweiten Schwangerschaft mit einem Rh$^+$-Kind sind die Antikörper schon vorhanden. Sie können zur Verklumpung des Blutes des ungeborenen Kindes und schließlich zu dessen Tod führen.
   Hinweis: Heute verabreicht man der rhesusnegativen Mutter unmittelbar nach der Geburt Antikörper gegen das Rhesusprotein. Diese fangen die roten Blutzellen des kindlichen Blutes ab. So wird verhindert, dass die Mutter selbst Antikörper bildet.
3. Für die zweite Schwangerschaft besteht keine Gefahr, denn das rhesusnegative Blut des ersten Kindes hat keine Antikörperbildung ausgelöst.

Station 5: Blutgruppenbestimmung für Profis

1: B rh$^-$
2: A Rh$^+$
3: AB rh$^-$
4: A rh$^-$
5: B Rh$^+$
6: 0 Rh$^+$
7: AB Rh$^+$
8: 0 rh$^-$

Station 1: Ausschneidebogen „Blutgruppen"

In der Zeichnung sind rote Blutzellen mit den verschiedenen Antigenen auf der Oberfläche dargestellt sowie die Antikörper, die jeweils im Blutserum vorkommen. Blutgruppe A hat auf den roten Blutzellen Antigene A und im Serum Antikörper B; Blutgruppe B hat Antigene B und Antikörper A; Blutgruppe AB hat Antigene A und B und keine Antikörper; Blutgruppe 0 hat keine Antigene auf den roten Blutzellen und im Serum die Antikörper A und B.

Aufgaben

1. Male die Blutzellen rot, Antigene und Antikörper A blau und Antigene und Antikörper B grün an.
2. Schneide alle Teile aus und ordne sie entsprechend den vier Blutgruppen A, B, AB und 0 an.

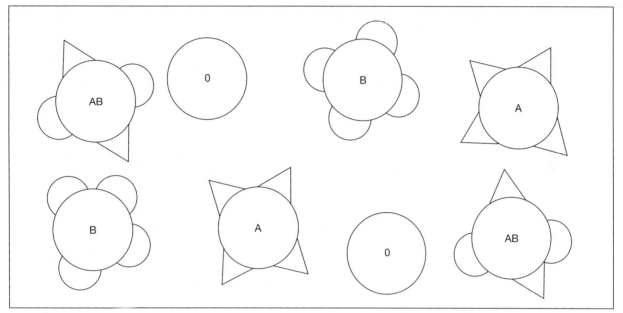

Abb. 1   Rote Blutzellen der Blutgruppen A, B, AB und 0

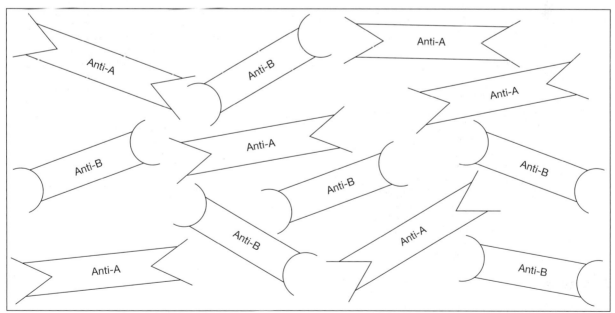

Abb. 2   Antikörper im Blutserum

Vergleiche dein Ergebnis mit dem Lösungsblatt. Wenn du Fehler entdeckst, lies den Informationstext noch einmal durch und versuche die Aufgabe erneut zu lösen.

Station 2: Die Blutgruppen

Wenn ein Mensch viel Blut verloren hat, kann man diesen Blutverlust mit fremdem Blut, das in seinen Körper geleitet wird, ausgleichen. Das ist aber nicht so einfach: Noch vor hundert Jahren kam es immer wieder vor, dass Menschen bei einer solchen Blutübertragung starben. Der Wiener Arzt Dr. Carl Landsteiner erkannte schließlich im Jahre 1901 die Ursache für diese Unglücksfälle: Manche Blutmischungen verklumpen miteinander, andere nicht. Verantwortlich für die Verklumpung sind Eiweiße, die sich auf der Oberfläche der roten Blutzellen bzw. im Blutserum befinden können.

Die Eiweiße auf den roten Blutzellen nennt man *Antigene*. Beim Menschen gibt es zwei verschiedene Arten davon: *Antigen A* und *Antigen B*. Die Eiweiße, die sich im Blutserum befinden, nennt man *Antikörper*. Die Antikörper A *(Anti-A)* verklumpen rote Blutzellen, auf deren Oberfläche das Antigen A sitzt, die Antikörper B *(Anti-B)* verklumpen rote Blutzellen, die das Antigen B tragen. Beim Menschen unterscheidet man – je nachdem welche Antigene auf den roten Blutzellen sitzen – vier verschiedene *Blutgruppen*. Die Blutgruppen sind erblich bedingt. Sie ändern sich im Laufe des Lebens nicht.

Aufgaben

Lies den Informationstext genau durch und beantworte die Fragen dazu schriftlich in deinem Heft.

1. Weshalb ist es wichtig zu wissen, welche Blutgruppe man hat?
2. Erkläre die Begriffe „Antigen" und „Antikörper".
3. Wie unterscheiden sich die einzelnen Blutgruppen voneinander?
4. Zwei verschiedene Antigene (A und B) bewirken vier verschiedene Blutgruppen. Wie ist das möglich? Wie würdest du die vier Blutgruppen nennen?

Vergleiche deine Antworten mit dem Lösungsblatt. Hast du alles richtig gemacht? Dann gehe zur nächsten Station. Ist dies nicht der Fall, dann solltest du den Text nochmals durchlesen und den Fehler suchen.

Station 3: So bestimmt man Blutgruppen

Bei einem Fahrradunfall hat Alexander viel Blut verloren. Verliert ein Mensch mehr als einen Liter Blut, so gerät er in Lebensgefahr. Alexander wird sofort ins Krankenhaus gebracht. Dort stehen Blutkonserven mit Spenderblut verschiedener Blutgruppen zur Verfügung. Solche Blutkonserven sind mehrere Wochen haltbar.

Um das richtige Spenderblut für Alexander ausfindig zu machen, musste zunächst seine Blutgruppe bestimmt werden. Dazu wurde ihm etwas Blut abgenommen und dieses wurde mit verschiedenen Testseren getestet.

Ergebnis der Blutgruppenbestimmung:

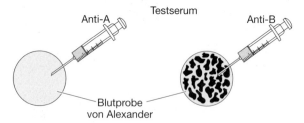

Aufgaben

1. Welche Blutgruppe hat Alexander?
2. Zur Wiederholung: Aus welchem Grund muss vor einer Blutübertragung die Blutgruppe bestimmt werden?

Notiere die Antworten und vergleiche sie dann mit den Lösungen. Wenn du einen Fehler entdeckst, überlege noch einmal und versuche erneut, die Aufgabe zu lösen.

Station 4: Der Rhesusfaktor

Außer den Antigenen A und B gibt es noch ein weiteres Protein, das auf der Oberfläche von roten Blutzellen sitzt. Da es bei Rhesusaffen entdeckt wurde, nennt man es *Rhesusfaktor*. Etwa 85 % der Mitteleuropäer haben diesen Rhesusfaktor. Ihr Blut wird als *rhesuspositiv* (Rh+ oder D) bezeichnet. Die übrigen 15 % besitzen das Protein nicht; ihr Blut ist *rhesusnegativ* (rh- oder d).

Rhesusnegatives Blut enthält zunächst keine Antikörper gegen das Rhesusprotein. Kommt es aber mit rhesuspositivem Blut in Berührung, wird das darin enthaltene Rhesusprotein als Fremdkörper erkannt. Die weißen Blutzellen des Empfängerkörpers bilden Antikörper und es tritt Verklumpung ein. Bei Blutübertragungen muss man also auch auf den Rhesusfaktor achten.

Besonders gefährlich für ein ungeborenes Kind kann eine Rhesusunverträglichkeit bei der zweiten und allen weiteren Schwangerschaften einer rhesusnegativen Frau werden. Gegen Schwangerschaftsende reißen die Blutgefäße der Plazenta. Bei der Geburt kann dann kindliches Blut in den Kreislauf der Mutter gelangen.

Aufgaben

1. Aus welchem Grund besteht für das ungeborene Kind in keinem Fall eine Gefahr, wenn die Mutter rhesuspositiv ist?
2. Warum kann die Rhesusunverträglichkeit nicht bereits bei der ersten Schwangerschaft einer rhesusnegativen Frau zur Gefahr für das ungeborene Kind werden? Nimm Abbildung und Text zu Hilfe und schildere die Vorgänge genau.
3. Angenommen, das erste Kind einer rhesusnegativen Frau ist auch rhesusnegativ. Was bedeutet das für die zweite Schwangerschaft? Begründe!

Schreibe deine Ergebnisse auf und vergleiche mit dem Lösungsblatt. Ist alles richtig?

Station 5: Blutgruppenbestimmung für Profis

Jetzt wird es richtig kompliziert, denn es geht darum, die Blutgruppen einschließlich Rhesusfaktor zu bestimmen. Für dich ist das aber kein Problem, denn du bist inzwischen Experte.

Es wurden Blutproben von 3 Personen getestet. Die jeweilige Blutgruppe kannst du am dargestellten Testergebnis ablesen. (Vielleicht helfen dir die ausgeschnittenen Blutgruppenteile von Station 1.)

Aufgabe

Welche Blutgruppen (einschließlich Rhesusfaktor) haben die Personen 1 bis 8?
Notiere deine Ergebnisse und vergleiche sie mit dem Lösungsblatt.

Phagozytose und amöboide Beweglichkeit von Immunzellen

- **Klassenstufe:** 9/10
- **Schwerpunkt:** Immunbiologie; Zellbiologie
- **Voraussetzungen:** Sicherer Umgang mit dem Mikroskop, Begriff „Zelle", Funktion der Blutzellen

Sachinformation

In den Körperflüssigkeiten von Weichtieren flottieren Zellen, die *Hämozyten* genannt werden. Hämozyten haben eine Schlüsselposition im inneren Verteidigungssystem inne. Haupteffektorfunktionen der Hämozyten sind *Phagozytose* und *Zytotoxizität*.

Die Hämolymphe der Miesmuschel besitzt keine respiratorischen Pigmente und ist deswegen farblos. Ihre ionale Zusammensetzung entspricht weitgehend der des umgebenden Meerwassers. Das bedeutet, dass eine Lösung von 32 g Meersalz pro Liter Leitungswasser isoosmotisch zur Miesmuschel-Hämolymphe ist. Ein Gerinnungssystem fehlt der Hämolymphe auch. Leckagen der Körperhülle werden von sich zusammenlagernden Hämozyten verlegt.

Amöboid bewegliche Phagozyten repräsentieren ein stammesgeschichtlich altes Abwehrsystem, das heute in allen Tiergruppen angetroffen werden kann, auch beim Menschen, bei dem neutrophile Granulozyten in kürzester Zeit in infizierte Gewebeareale einwandern.

Didaktisch-methodische Hinweise

Die amöboid beweglichen und phagozytierenden Hämozyten der Miesmuschel dienen als Modellzellen. In der Hämolymphe flottieren Hämozyten abgekugelt und weisen keine Pseudopodien auf. Gibt man die Zellen nach der Entnahme auf Objektträger, sinken sie auf die Glasoberfläche nieder, nehmen Kontakt zum Substrat auf und werden spontan wanderungsaktiv. Das dauert etwa 15 Minuten. Dabei kann eine eindrucksvolle Gestaltswandlung beobachtet werden. Die Zellen bilden Pseudopodien aus und strecken sich. In Bewegungsrichtung werden ständig neue Kontakte zum Substrat geknüpft, am „Zellschwanz" hingegen gelöst.

Miesmuscheln können im Fischgeschäft um die Ecke besorgt werden. In der Schule werden sie in einem Aquarium in künstlichem Meerwasser (30 g Meersalz/1 Liter Leitungswasser) und im Kühlschrank gehalten. Für jeweils zwei Schüler sollte eine Miesmuschel zur Verfügung stehen. Entnahme der Hämolymphe und Anlage der Objektträger erfolgen in Partnerarbeit.

Die Muschel muss unmittelbar nach der Entnahme aus dem Wasser aufgekeilt werden, denn die Tiere schließen ihre Schalen und lassen sich später kaum mehr öffnen. Die beschriebene Punktionstechnik ist mit etwas Übung einfach zu beherrschen. In der Kanüle kommen die Zellen in Kontakt und verklumpen. Sie wird deshalb nach der „Blutentnahme" abgenommen (s. Punkt 4 der Versuchsbeschreibung).
Zur Sicherheit sollte die Lehrkraft parallel einige Objektträger ansetzen, auf die wenn nötig zurückgegriffen werden kann.

Lösungen zum Arbeitsblatt

Folgendes können Schülerinnen und Schüler beobachten und zeichnen:
6. Gestaltwandlung des wandernden Hämozyten:

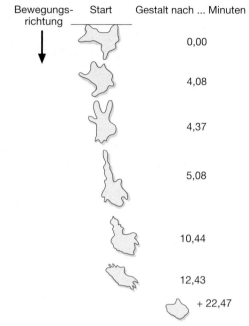

Die Zelle hat sich in 22,47 Minuten etwa 40 µm von der „Startlinie" fortbewegt.

8. Ein Hämozyt „angelt" sich eine Hefezelle und verspeist sie:

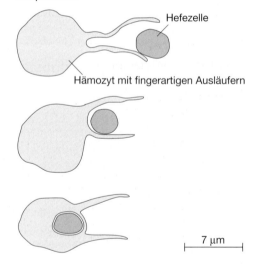

Literatur

KROSCHINSKI, J., RENWRANTZ, L.: Determination of pH-values inside the digestive vacuoles of haemocytes from Mytilus edulis. Journal of Invertebrate Pathology 51, 1988, S. 73–79

SCHNEEWEISS, H., RENWRANTZ, L.: Analysis of the attraction of haemocytes from Mytilus edulis by molecules of bacterial origin. Development and Comparative Immunology 17, 1993, S. 377–387

STOSSEL, T. P.: Der Kriechmechanismus von Zellen. In: Spektrum der Wissenschaft 11, 1994, S. 42–49

Kleine Fresszellen mit großem Appetit

Gelangen Bakterien mit einem Splitter in die Haut, kommt es zu einer Entzündungsreaktion. In deren Verlauf wandern millionenfach bestimmte weiße Blutzellen – die kleinen *Fresszellen* – aus der Blutbahn in das infizierte Gewebe, verleiben sich körperfremde Eindringlinge ein und verdauen sie. Dieser Vorgang wird *Phagozytose* genannt. Eiter besteht zum großen Teil aus kleinen Fresszellen, die „nach getaner Arbeit" abgestorben sind.

Die kleinen Fresszellen der Miesmuscheln lassen sich leicht gewinnen. Mit dem Mikroskop kann man dann ihre Aktivitäten beobachten. Die Muscheln selbst werden bei der Blutentnahme nicht geschädigt.

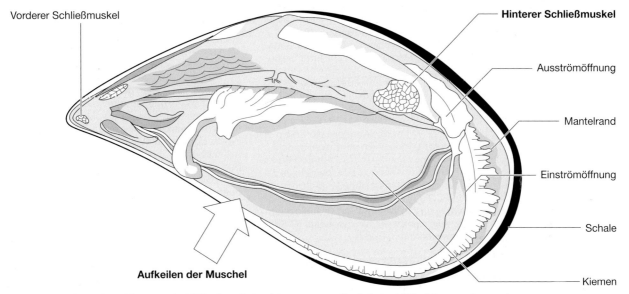

Abb. 1   Aufbau einer Miesmuschel (Die dem Betrachter zugewandte Schalenhälfte ist weggelassen.)

Material:
Pro 2er-Gruppe: 1 Miesmuschel, 1 Spritzenreservoir (1–5 ml) + Kanüle, „Meerwasser" (30 g Meersalz / Liter Leitungswasser), 1 Bleistiftstummel, 1 Frühstücksmesser (stumpf), 4 Objektträger, 4 Deckgläschen, Hefezellen (Trockenhefe), Pasteur-Pipetten, Feuchtekammern (Petrischalendeckel mit feuchtem Haushaltspapier ausgelegt), 2 Mikroskope.

Durchführung:
1. Keilt die Miesmuschel mithilfe eines stumpfen Frühstücksmessers an der geraden Seite auf (s. Abb.) und steckt einen stumpfen Bleistiftstummel in den entstandenen Spalt zwischen den beiden Schalenhälften. Zum Aufkeilen der Muschel braucht man beide Hände.
2. Zur Blutentnahme benötigt ihr eine Spritze mit 0,5 ml „Meerwasser". Führt die Kanüle durch den offenen Spalt am Mantelrand vorbei in die Tiefe und stecht sie leicht in den Schließmuskel (vgl. Abb.).
3. Zieht nun etwas Miesmuschelblut in das Spritzenreservoir. Wenn ihr weißliche „Wolken" einströmen seht, habt ihr den Schließmuskel richtig getroffen.
4. Nehmt die Kanüle ab und gebt auf vier Objektträger je einen Tropfen verdünntes Miesmuschelblut. Legt die Objektträger zunächst in Feuchtekammern. Stülpt dazu die vorbereiteten Petrischalendeckel über die Objektträger.
5. Nach 15 Minuten könnt ihr zwei der Objektträger entnehmen. Legt Deckgläschen auf und beobachtet die Aktivitäten der Zellen etwa 5 Minuten lang unter dem Mikroskop (stärkste Vergrößerung). Etwas Geduld müsst ihr haben, denn die Zellen fließen langsam wie eine Amöbe über das Glas.
6. Fertigt Zeichnungen von einer wandernden und von einer nicht wandernden Zelle an.
7. Löst ein paar Krümel Trockenhefe in „Meerwasser" auf und gebt einen Tropfen der Suspension zum Miesmuschelblut der beiden weiteren Objektträger. Haltet die Objektträger weitere 15 Minuten in der Feuchtekammer. In der Zwischenzeit mikroskopiert ihr einen Tropfen der Hefezellsuspension und fertigt eine Zeichnung der Hefezellen an.
8. Entnehmt die Objektträger, wenn die 15 Minuten vergangen sind, legt Deckgläschen auf und mikroskopiert. Findet ihr unter dem Mikroskop Fresszellen, die bereits Hefezellen phagozytiert haben? Findet ihr Fresszellen, die Hefezellen außen an ihrer Zellmembran angelagert haben? Fertigt auch davon Zeichnungen an.

Zielsteuerung amöboid beweglicher Zellen

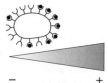

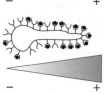

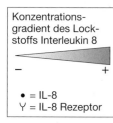

Konzentrationsgradient des Lockstoffs Interleukin 8

● = IL-8
Y = IL-8 Rezeptor

Granulozyten bilden Pseudopodien in Richtung der höheren IL 8-Konzentration.

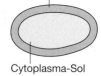

Ruhende Zelle
Aktin-Gel

Cytoplasma-Sol

lokale Schwächungszone

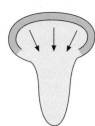

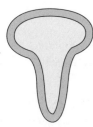

hydrostatisches Modell der Pseudopodienbildung

- **Klassenstufe:** 11–13
- **Schwerpunkt:** Immunbiologie; Zellbiologie
- **Voraussetzungen:** Grundkenntnisse der Funktion des Immunsystems

Sachinformation

Zellen stehen untereinander in einem ständigen Informationsaustausch. Dabei spielen Botenstoffe eine Rolle, die von bestimmten Zellen freigesetzt werden und Reaktionen bei empfänglichen Zellen auslösen, also solchen, die Rezeptoren für den Botenstoff besitzen. Die millionenfache Einwanderung neutrophiler Granulozyten in infizierte Gewebeareale innerhalb kürzester Zeit wird von Botenstoffen verursacht. Bei der Zielsteuerung der Zellen spielen chemotaktische Reaktionen eine entscheidende Rolle. Als Chemotaxis bezeichnet man die Wanderung von Zellen im Konzentrationsgradienten „anlockender" Moleküle. Wandern die Zellen in Richtung höherer Lockstoffkonzentration, spricht man von *positiver Chemotaxis*. Neutrophile Granulozyten zeigen das Phänomen der Chemotaxis in Konzentrationsgradienten bakterieller Moleküle *(formylierte Peptide)*. Auch körpereigene Moleküle lösen Chemotaxis von neutrophilen Granulozyten aus, nämlich die *Komplementkomponente* (C 5a) und der Botenstoff *Interleukin 8*.

Der Lockbotenstoff Interleukin 8 (IL 8) wird von Gewebemakrophagen produziert und sezerniert, wenn sie mit Bakterien oder bestimmten Bestandteilen der bakteriellen „Zellwand" *(Lipopolysaccharidien = Endotoxine)* in Kontakt kommen. IL 8 verdünnt sich in der Gewebsflüssigkeit. Neutrophile Granulozyten, die im Bereich naheliegender Kapillaren aus der Blutzirkulation auswandern, werden durch steigende IL 8-Konzentrationen zum Ort der Infektion gelockt. Am Infektionsort angekommen, werden körperfremde Eindringlinge phagozytiert oder extern abgetötet.

Neutrophile Granulozyten besitzen zellmembranständige Rezeptoren für IL 8. Man geht davon aus, dass die Zellen Konzentrationsunterschiede in ihrer Mikroumgebung mit diesen Rezeptoren feststellen und in derjenigen Region Pseudopodien ausbilden, in der die höchste IL 8-Konzentration gemessen wird (s. Abb. in der Randspalte oben). Positive Chemotaxis kommt durch beständige Pseudopodienbildung in Richtung höherer Lockstoffkonzentration zustande.

Der IL 8-Rezeptor ist ein transmembranöses Molekül, das mit einem G-Protein gekoppelt ist. Bindet IL 8 *(primäres Signal)* an den Rezeptor, wird das G-Protein aktiviert und bewirkt die Freisetzung zellinterner Botenstoffe *(sekundäre Boten)*. Bekannt ist, dass sekundäre Boten, wie Ca^{2+} oder *Inositoltriphosphat* (IP 3), Veränderungen am Zytoskelett, dem Bewegungsapparat eukaryotischer Zellen, bewirken. Insbesondere das gelartige Aktinfilamentsystem, das unter der Zellmembran sitzt und Zellen eine gewisse Stabilität verleiht, ist betroffen. In der Zellregion, die höheren IL 8-Konzentrationen ausgesetzt ist, wird das gelartige Aktinfilamentsystem abgebaut und geht in den flüssigeren Solzustand über. Durch Kontraktion des intakten Aktin-Myosinsystems wird Zytoplasma in die Schwächungszone gedrückt, die Zelle „beult" dort aus *(hydrostatisches Modell der Pseudopodienbildung)*. Es entsteht ein Pseudopodium.

Didaktisch-methodische Hinweise

Steht genügend Zeit zur Verfügung, kann die hier vorgestellte Unterrichtseinheit mit der Einheit „Kleine Fresszellen mit großem Appetit" (s. Seite 31) kombiniert werden. Dann empfiehlt es sich zuerst das mikroskopische Praktikum zur amöboiden Beweglichkeit und Phagozytose durchzuführen.

„ Zusatzinformation

Granulozyten – aus der Blutbahn ins Gewebe

Gefäßmakrophagen sezernieren eine Reihe von Mediatoren, wenn sie mit bakteriellen Substanzen in Berührung kommen, darunter *Interleukin 1* (IL 1). IL 1 bewirkt Veränderungen in verschiedenen Geweben. Zellen des Gefäßendothels werden aktiviert und exprimieren an ihrer Zellmembran sogenannte *Zelladhäsionsmoleküle* (ZAMs). Neutrophile Granulozyten besitzen Rezeptoren für ZAMs. Kommen die im Blut zirkulierenden Zellen mit aktivierten Endothelzellen in Berührung, bleiben sie hängen *(Margination)*. Die Zellen haben dann Gelegenheit, sich durch die Gefäßwand zu quetschen *(Diapedese)*.

„

Lösungen zum Arbeitsblatt

1. Der Botenstoff IL 8 wird von Gewebemakrophagen freigesetzt und verdünnt sich in der Gewebsflüssigkeit. Es bildet sich ein Konzentrationsgradient (eingezeichneter Keil). Zellen, die die Regel einhalten „Wandere in Richtung steigender IL 8-Konzentrationen", gelangen zum Ort der Freisetzung, also zum Infektionsort.
2. Werden die Zellen mit einer homogenen IL 8-Lösung überschichtet, werden die Konzentrationsgradienten zerstört. Man stellt fest, dass sich die Zellen dann nicht mehr orientieren können. Sie bewegen sich dann nur noch ungerichtet.
3. Die Kapillaren im Bereich infizierter Gewebeareale sind durch die *Zelladhäsionsmoleküle* (ZAM) für neutrophile Granulozyten markiert. Neutrophile Granulozyten binden mithilfe von Rezeptoren an die ZAMs und bleiben hängen. Sie haben dann Zeit, sich durch die Gefäßwand zu „quetschen".

Literatur

AZZALI, G, ORLANDINI, G., GATTI, R: The migration of lymphocytes and polymorphonuclear leucocytes across the endothelial wall of the absorbing peripheral lymphatic vessel. J. Submicrosc. Cytol. Pathol. 22 (1990), 543–549

FISHER, E. G., FALKE, N. E.: The influence of endogenous opioid peptides on venous granulocytes. In: Enkephalins and endorphins. Stress and the immun system. Hrsg: PLOTNIKOFF, N. P., FAITH, R. E., MURGO, A. J., 263–272, Plenum Press, New York (1986)

LEONARD, E. J., SKEEL, A., YOSHIMURA, T., NOER, K., KUTVIRT, S., VAN EPPS, D.: Leukocyte specifity and binding of human neutrophil attractant/ activating protein 1. J. Immunol., 144, 1323–1330 (1990)

OSBORN, L.: Leukocyte adhesion to endothelium in inflammation. In: Cell, Vol. 62 (1990), S. 3 – 6

Immunbiologie

Wie finden amöboid bewegliche Zellen ihr Ziel?

Gelangen Bakterien mit einem Splitter in die Haut, kommt es innerhalb kurzer Zeit zu einer Entzündungsreaktion, die mit Rötung und Eiterbildung einhergeht. Eiter besteht zum überwiegenden Teil aus weißen Blutzellen *(neutrophilen Granulozyten)*, die nach der Bekämpfung der Infektion abgestorben sind. Neutrophile Granulozyten werden im Knochenmark gebildet und treten nach ihrer Ausdifferenzierung in die Blutzirkulation über. Sie bilden die „Feuerwehr" des Immunsystems und wandern amöboid im Bereich der Kapillaren aus der Blutbahn in infizierte Gewebeareale ein *(neutrophile Kampfphase)*. Da dieses Verhalten millionenfach innerhalb kürzester Zeit beobachtet werden kann, kann die Möglichkeit eines zufälligen Eintreffens der Zellen ausgeschlossen werden. Welcher Mechanismus aber bewirkt die Anhäufung der Zellen am Infektionsort?

Mehrere experimentelle Einzelbefunde haben zur Aufklärung der Situation beigetragen. Gewebemakrophagen setzen in vitro den Lockbotenstoff *Interleukin 8* frei, wenn sie mit Bakterien in Berührung kommen. Das freigesetzte Interleukin 8 hat man aus den Zellkulturüberständen isoliert. Neutrophile Granulozyten binden Interleukin 8 mithilfe von zellmembranständigen Rezeptoren nach dem Schlüssel-Schloss-Prinzip. Die reine Substanz löst bei neutrophilen Granulozyten in vitro ein bemerkenswertes Verhalten aus, das *Chemotaxis* genannt wird (Abb. 1).

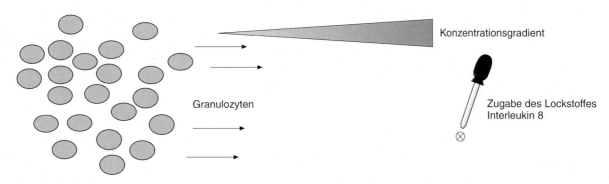

Abb. 1 Chemotaxis (Versuch)

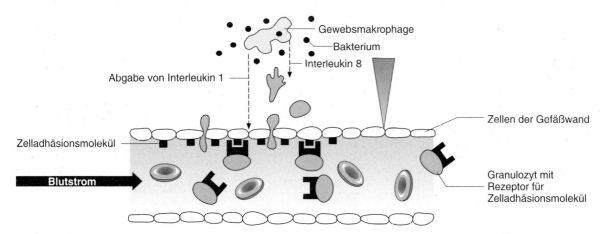

Abb. 2 Granulozyten – aus dem Blutstrom ins Gewebe

Aufgaben

1. Welcher Mechanismus bewirkt, dass sich neutrophile Granulozyten in vivo millionenfach am Infektionsort einfinden? Interpretieren Sie die Abbildungen und deuten Sie die Wanderungsrichtung der Granulozyten durch einen Pfeil an. Was drückt der eingezeichnete Keil aus?

2. Auf welche Weise könnte man im Versuch den Befund zur Zielsteuerung der chemotaktisch aktiven Granulozyten überprüfen?

3. Die Wandung von Blutkapillaren in infizierten Gewebearealen besitzt auf der Innenseite zellmembranständige Zelladhäsionsmoleküle. Welchen Vorteil könnte dies für die Bekämpfung einer Infektion haben?

Von Gemischtköstlern, Vegetariern und Veganern

- **Klassenstufe:** 7–10
- **Schwerpunkt:** Mensch / Gesundheit
- **Voraussetzungen:** Zusammensetzung der Nahrung und Bedeutung der verschiedenen Komponenten

AID
Konstantinstraße 124
53179 Bonn

Broschüre: Essen und Trinken in Deutschland (Schutzgeb.: 3.- DM)

Beri-Beri
Vitaminmangelkrankheit; führt zu Lähmungen, Schwund der Gliedmaßenmuskulatur und schließlich zum Tod

Sachinformation

Die Regale in unseren Supermärkten quellen über von Waren aus aller Herren Länder. Das Überangebot und die relativ niedrigen Preise für einstige Luxusgüter, wie z. B. Fleisch, Butter und Zucker, haben zu einer Überversorgung geführt. Zivilisationskrankheiten, wie Übergewicht und Herz-Kreislauf-Erkrankungen, sind zum großen Teil auf anhaltende Fehlernährung zurückzuführen.
Dabei haben wir die Wahl und könn(t)en uns – ganz nach Geschmack – augewogen und gesund ernähren. Aber was ist „gesunde Ernährung"? Darüber gehen die Meinungen, auch in Fachkreisen, oft weit auseinander (s. Zusatzinformation).

Didaktisch-methodische Hinweise

Für Schülerinnen und Schüler gewinnt die Frage der Ernährung oft mit der Pubertät an Bedeutung. Häufig geht es dabei um ein bestimmtes Schönheitsideal. Schlanksein ist nach wie vor in, Dicke sind out – das führen uns Medien und Werbung überdeutlich vor. Aber nicht nur das angestrebte Idealgewicht kann Triebfeder sein, über bisherige Ernährungsgewohnheiten nachzudenken, auch der Aspekt „Gesundheit" kann ganz bewusst im Vordergrund stehen. Nicht zuletzt gewinnen heute viele Jungen und Mädchen eine zunehmend kritische Einstellung zu den in der intensiven Tiermast praktizierten Haltungsmethoden. Berichte über Hormonskandale, BSE oder Tiertransporte tun ein Übriges.

Entscheidet man sich für eine alternative Ernährungsform, sollte man aber sicher sein, dass dem Körper alles zugeführt wird, was er braucht. Die vorliegende Einheit versetzt Schülerinnen und Schüler in die Lage, zwei verschiedene alternative Ernährungsformen kompetenter beurteilen zu können. Daraus lassen sich Schlüsse für die eigene bewusste Ernährung ableiten.

99——————————— **Zusatzinformation**

Die vegetarische Ernährung

Ovo-lacto-Vegetarier (üblich ist auch die vereinfachende Bezeichnung „Vegetarier") verwenden alle pflanzlichen Nahrungsmittel sowie tierische, die vom lebenden Tier kommen (Milch, Milchprodukte, Eier, Honig). Sie achten außerdem darauf, dass alle Lebensmittel möglichst frisch, naturbelassen und schadstoffarm auf den Tisch kommen. Es gibt aber auch gekochte oder gebratene Speisen. (Sonderform: *lacto-vegetabile Kost*).

Die *streng vegetarische Kost* wird auch als *vegan* bezeichnet. Sie beinhaltet alle pflanzlichen Lebensmittel, aber weder Milch noch Milchprodukte, keine Eier und auch keinen Honig. Der Eiweißbedarf muss durch Hülsenfrüchte, Nüsse und Vollkornprodukte gedeckt werden. Es besteht die Gefahr des Mangels an einigen Vitaminen.

Unter *Rohkost* versteht man eine vegetarische, häufig streng vegetarische Kost, die ausschließlich roh und unerhitzt verzehrt wird. Vollkornbrot ist allerdings erlaubt und ständige Beigabe zu den Mahlzeiten. Rohkost ist arm an Eiweiß und Kochsalz und reich an Vitaminen, Mineralstoffen und Ballaststoffen. Wird Rohkost über längere Zeit streng vegetarisch verabreicht, kann es u. a. zu Engpässen in der Eiweißversorgung kommen.

Bei der *Vollwertkost* ist das Augenmerk insbesondere auf die ausgewogene Zusammensetzung der Nahrung gerichtet. Sie sollte jeweils 10 % Gemüse „unter der Erde" und „über der Erde", 10 % Obst, 30 % nicht erhitzte Getreideprodukte, Milch und 40 % erhitzte Kost enthalten.

——————————————99

Lösungen zum Arbeitsblatt

1. Anzukreuzen sind: Rindfleisch, Hühnerei, (Käse), Fisch, außerdem Sojabohnen und Erbsen. Diese Lebensmittel sind relativ eiweißreich und enthalten die genannten vier essenziellen Aminosäuren in einer Kombination, die dem menschlichen Körpereiweiß in etwa entspricht. Für Sojabohnen und Erbsen gilt Letzteres mit Einschränkung.
2. Es ist nur schwarz anzukreuzen: Vitamine D_2, D_3, D_4, Vitamin B_{12}.
3. **Vegetarische Ernährung**
   Gefahren der Mangelernährung:
   - Eiweiße; Eiweißmangel bzw. Mangel oder unausgewogene Zufuhr von essenziellen Aminosäuren führt zu vielfältigen Stoffwechselstörungen, denn sie sind nicht nur Baustoffe für körpereigene Proteine, sondern auch Bestandteil von Enzymen und Hormonen.
   - Vitamine D_2, D_3, D_4; Rachitis, verzögerte Knochenverkalkung.
   - Vitamin B_1; Gewichtsverlust, Muskelschwäche, Beri-Beri.

   Zusammenstellung des Speiseplans:
   Es muss besonders darauf geachtet werden, dass Milch und Milchprodukte, Eier und Hülsenfrüchte sowie Vollkornprodukte in ausreichendem Maße verzehrt werden. Werden diese Regeln eingehalten, spricht nichts dagegen, sich vegetarisch zu ernähren.

   Vegane Ernährung
   Gefahren der Mangelernährung:
   - Eiweiße; s. o.
   - Vitamine D_2, D_3, D_4; s. o.
   - Vitamin B_1; s. o.
   - Vitamin B_2; Veränderungen der Zungenschleimhaut, Hautschäden.
   - Vitamin B_{12}; Veränderungen der Zungenschleimhaut, Anämie.

   Zusammenstellung des Speiseplans:
   Auf jeden Fall ist auf erhöhte Zufuhr von Hülsenfrüchten und Vollkornprodukten zu achten. Aber auch dann bleibt die Versorgung mit den D-Vitaminen sowie mit Vitamin B_{12} ein Problem. Vegane Ernährung ist aus diesem Grund nicht uneingeschränkt zu empfehlen.

Literatur

ESCHENHAGEN, D. u. a. (Hrsg.): Handbuch des Biologieunterrichts. Sekundarbereich I. Band 3: Stoff- und Energiewechsel. Aulis, Köln 1995

Von Gemischtköstlern, Vegetariern und Veganern

Der Mensch ist, was seine Nahrung angeht, wenig spezialisiert; er gilt als „Allesesser". In der Tat nehmen die meisten Menschen Lebensmittel sowohl tierischer als auch pflanzlicher Herkunft in vielfältiger Mischung zu sich. Von dieser Regel gibt es aber auch Ausnahmen: *Vegetarier* verzichten auf Fleisch und Fisch und bei den *Veganern* stehen überhaupt keine tierischen Produkte auf dem Speiseplan. Sie essen also auch keine Eier und keine Milchprodukte. Für die Ernährungsweisen der Vegetarier und Veganer gibt es verschiedene Gründe. Häufig stehen gesundheitliche Aspekte im Vordergrund, aber auch die Achtung vor dem Tier als Mitgeschöpf und die Ablehnung der bei uns üblichen Tierhaltungsmethoden spielen eine Rolle.

Es ist in jedem Fall wichtig, auf eine vollwertige Ernährung zu achten, die dem Körper alles gibt, was er braucht. Kann eine Ernährung ohne Fleisch oder gar ganz ohne tierische Produkte das gewährleisten?

Aufgaben

1. Fleisch gilt in erster Linie als Eiweißlieferant. Eiweiße sind aus Aminosäuren aufgebaut. Es gibt acht essenzielle Aminosäuren. Diese kann der Körper nicht selbst bilden, sie *müssen* mit der Nahrung zugeführt werden. Kreuze die 6 Lebensmittel an, die am besten geeignet sind, den Eiweißbedarf des Menschen zu decken (tierische Produkte rot, pflanzliche grün). Begründe deine Beurteilung schriftlich in deinem Heft.

	Eiweiße (g) in 100 g	essenzielle Aminosäuren (%)			
		Valin	Leucin	Threonin	Methionin
menschliches Körpereiweiß		5,1	7,5	4,9	2,3
Rindfleisch	21	5,0	7,0	3,8	2,8
Hühnerei	14	6,3	8,0	4,6	3,6
Kuhmilch (Käse)	3,4 (26)	7,3	9,8	3,9	3,0
Fisch	18	5,0	6,4	4,3	2,9
Sojabohnen	37	4,5	5,7	3,5	1,7
Erbsen	22	3,5	5,6	3,4	0,9
Weizenmehl	12	4,0	6,4	2,4	2,3
Kartoffeln	2	4,2	5,5	3,2	1,4
Karotten	1	4,9	4,8	3,5	0,9

2. Lässt sich der Vitaminbedarf vollständig decken? Kreuze die „kritischen Stellen" an (vegetarische Ernährung blau, vegane schwarz).

	Vitamine, z. B.	wichtige Quellen	Mangelsymptome
	Vitamin A, β-Carotin, Carotinoide	Leber, Lebertran, Milchfett, Mohrrüben und viele andere Pflanzen	Hautschäden, Störungen des Skelettwachstums, Nachtblindheit
	Vitamine D_2, D_3, D_4	Leber, Lebertran, Milchfett, Eigelb	Rachitis: verzögerte Knochenverkalkung
	Vitamin B_1	Schweinefleisch, Vollkornprodukte	Gewichtsverlust, Muskelschwäche, Beri-Beri
	Vitamin B_2	Milch, Fleisch, Eier, Fisch, Vollkornprodukte	Veränderungen der Zungenschleimhaut, Hautschäden
	Vitamin B_{12}	Leber, andere tierische Nahrungsmittel	Veränderungen der Zungenschleimhaut, Anämie
	Vitamin C, Ascorbinsäure	frisches Obst, Gemüse, Kartoffeln	Skorbut

3. Fasse die Ergebnisse – getrennt für die vegetarische und für die vegane Ernährung – in deinem Heft zusammen. Berücksichtige dabei folgende Aspekte:
   – Besteht bei den genannten Ernährungsweisen die Gefahr der Mangelernährung, wenn ja, in Bezug auf welche Komponenten?
   – Welche Mangelerscheinungen können auftreten?
   – Worauf muss man bei der Zusammenstellung des jeweiligen Speiseplans besonders achten?
   – Gib ein abschließendes Urteil ab: Ist eine vegetarische bzw. eine vegane Ernährungsweise ratsam?

Nitrat in Salat und Gemüse

- **Klassenstufe:** 9/10
- **Schwerpunkt:** Mensch/Gesundheit; Umwelt
- **Voraussetzungen:** Bedeutung des Nitrats für das Wachstum von Pflanzen, Stickstoffkreislauf, Grundlagen der Ernährung

Didaktisch-methodische Hinweise

Wenn Bedarf besteht kann die Zusatzinformation als Einführung in die Thematik dienen. Untersuchungen von Kopfsalat, der früh morgens und solchem, der abends geerntet wurde, und von Kopfsalat aus dem Gewächshaus sowie solchem aus dem Freilandanbau liefern jeweils unterschiedliche Ergebnisse. Neben der Untersuchung verschiedener Gemüsesorten kann es auch interessant sein, den Nitratgehalt in konventionell und ökologisch angebauten Produkten zu vergleichen.

Für den Nitratgehalt spielt es keine Rolle, ob Jauche, Gülle oder Mineraldünger verwendet wird. Entscheidend ist es, die Überdüngung zu vermeiden. Öko-Landwirte streben dies an.

Nitrat im Trinkwasser:
festgelegter Höchstwert laut Trinkwasserverordnung:
50 mg Nitrat pro Liter

Hinweis:
Winterkopfsalat aus dem Gewächshaus enthält etwa doppelt so viel Nitrat wie Sommersalat vom Freiland. Infolge der geringeren Lichteinstrahlung ist das Blattwachstum verlangsamt und es wird mehr Nitrat eingelagert.

„ Zusatzinformation

Nitrat hat seine Wirkung

Im natürlichen Stoffkreislauf wird dem Boden durch das Absterben und Verwesen der Pflanzen immer wieder ausreichend Stickstoff zugeführt. Bei der Ernte angebauter Pflanzen dagegen wird der Fläche Stickstoff in großen Mengen entzogen. Durch Düngung muss dieser ersetzt werden.

Für die Pflanze ist Stickstoff lebenswichtig. Bei entsprechendem Angebot, z. B. bei Überdüngung, nimmt sie ihn im Überfluss auf. Was nicht sofort benötigt wird, wird in verschiedenen Pflanzenteilen gespeichert, vor allem in den Blättern. Zum Beispiel beim Kopfsalat, beim Spinat und beim Feldsalat werden die Blätter verzehrt. Damit besteht die Gefahr, relativ große Nitratmengen aufzunehmen. Rote Rüben und Rettiche speichern überschüssiges Nitrat in der Wurzel. Mit Fruchtgemüsen, dazu gehören Bohnen und Tomaten, holt sich der Verbraucher kaum Nitrat auf den Mittagstisch.

Im Körper des Menschen entfaltet das Nitrat verschiedene Wirkungen: In Mundhöhle, Magen und Darm reduzieren Bakterien das Nitrat zu Nitrit. Nitrit ist ein starkes Zellgift, das u. a. den Sauerstofftransport behindert. Die Folge kann Atemnot sein. Vor allem Babies und Kleinkinder sind durch die sogenannte *Blausucht* gefährdet. Nitrit kann im Körper zu Nitrosaminen weiterverarbeitet werden. Diese stehen im Verdacht, Krebs auslösend zu sein.

Aus Gründen der Vorsorge sind Richtwerte für Nitrat in Gemüsen erlassen worden. Die gesetzlichen Höchstmengen für Salat und Spinat sind z. B.:
- Kopfsalat (Sommersalat): 2500 mg/kg
- Kopfsalat (Wintersalat): 3500 mg/kg
- Spinat: 2500 mg/kg

So lässt sich der Nitratgehalt senken

Trotz des eventuell relativ hohen Nitratgehaltes sollte niemand Gemüse und Salat meiden, denn sie enthalten unverzichtbare Vitamine und Ballaststoffe. Nitratreiche Gemüse- und Salatsorten sollten selten, nicht im Übermaß und nicht in Verbindung mit eiweißhaltigen Nahrungsmitteln, wie Käse oder Fleisch, vor allem nicht mit gepökeltem Fleisch, gegessen werden.

Durch die Zubereitung kann der Nitratgehalt im Gemüse in gewissem Umfang reduziert werden. Sowohl durch Blanchieren, Dämpfen, Kochen und Wässern als auch durch Entfernen von Stielen, Stängeln, Strünken, großen Rippen und den äußeren Blättern bei Blattgemüse lässt sich der Nitratgehalt deutlich senken.

Vitamin C behindert teilweise die Bildung von Nitrosaminen. Deswegen ist es ratsam, für die Salatsoße Zitronensaft statt Essig zu verwenden (vor allem bei Blattgemüsearten, wie z. B. grünem Salat)!

Lösungen zum Arbeitsblatt

Die aufgelisteten Werte geben die zu erwartenden Versuchsergebnisse *in etwa* wieder:

Versuch A:
- Salat (Blätter): 2500 mg/kg (Nitrat)
- Salat (Rippen): 5000 mg/kg (Nitrat)
- Rettich, Spinat: 3000 mg/kg (Nitrat)
- Tomaten, Gurken: 100 mg/kg (Nitrat)

Versuch B:
5000 mg/kg (Nitrit)

Versuch C:
- Spinat (gekocht): 2000 mg/kg (Nitrat)
- Kochwasser: 1000 mg/kg (Nitrat)
- Spinat (15 Minuten warmgehalten): 1500 mg/kg (Nitrat); 1000 mg/kg (Nitrit)

Empfehlungen:
- Bei Blattsalaten Stängel, Rippen und Strunk entfernen.
- Früh am Morgen geernteter Salat spät geerntetem vorziehen.
- Bevorzugt Salat aus Früchten, wie z. B. Tomaten, Gurken und Bohnen, essen.
- Blattsalate aus dem Treibhaus meiden.
- Blattsalate nicht zusammen mit eiweißhaltigen Produkten verzehren.
- Bei der Zubereitung von Blattsalaten möglichst Zitronensaft verwenden (Vitamin C behindert die Nitrosaminbildung).
- Bei Blattgemüsen, z. B. beim Spinat, kann der Nitratgehalt durch Kochen verringert werden. Ein Teil des Nitrats geht ins Kochwasser, das abgegossen werden muss.
- Stark nitrathaltiges Gemüse, wie z. B. Spinat, nicht aufwärmen.

Literatur

AID (Hrsg.): Gemüse. Nr. 1024/93
Verbraucherzentrale Nordrhein-Westfalen (Hrsg.): Hauptsache es schmeckt. Verlag a. d. Ruhr 1993

Nitrat in Salat und Gemüse

Versuch A: Der Nitratgehalt

Materialien:
Kopfsalat, Rettich, Spinat, Tomaten, weitere Gemüsearten deiner Wahl, Knoblauchpresse, Messer, Messpipette, Reagenzglas, destilliertes Wasser, Nitrat- und Nitrit-Teststäbchen (Merckoquant 1.10020.0001).

Durchführung:
Untersuche die Gemüsearten getrennt nacheinander und unterscheide beim Kopfsalat nach Blättern, Blattrippen bzw. Strunk. Schneide sie jeweils in kleine Stücke und gewinne mithilfe der Knoblauchpresse den Gemüsesaft. Überführe ihn mit der Messpipette in ein Reagenzglas und verdünne mit der 10fachen Menge destillierten Wassers. Halte ein Teststäbchen eine Sekunde lang in die Probe und schüttle überschüssige Flüssigkeit vom Teststäbchen ab. Vergleiche das Ergebnis nach einer Minute mit der Farbskala und multipliziere den ermittelten Wert mit 10. So erhälst du den Nitratgehalt in mg/l bzw. in mg/kg Gemüse.

Fertige eine Tabelle nach folgendem Muster an:

Gemüseart	Nitratgehalt in mg/kg
Salat (Blätter)	
Salat (Rippen, Strunk)	
Rettich	
Spinat	
Tomate	
Gurke	

Versuch B: Aus Nitrat wird Nitrit

Materialien:
Rettich, Knoblauchpresse, Messer, Glas, Nitrat- und Nitrit-Teststäbchen.

Durchführung:
Zerkaue Rettichstücke etwa eine Minute lang. Gib das Zerkaute dann in ein Glas und miss den Nitritgehalt mithilfe eines Teststäbchens. Trage das Ergebnis (mg/kg) in deine Tabelle ein.

Versuch C: Kochen und Warmhalten verändern den Gehalt an Nitrat und Nitrit

Materialien:
Spinat, Reagenzglas, Bunsenbrenner oder Kochplatte, Nitrat- und Nitrit-Teststäbchen.

Durchführung:
Koche den Spinat, dessen Nitratgehalt du in Versuch A gemessen hast, auf. Bestimme den Nitratgehalt im Spinat und im Kochwasser.
Gieße das Kochwasser ab und halte den Spinat etwa 15 Minuten lang warm. Miss erneut den Nitrat- und den Nitritgehalt. Trage die Messergebnisse (mg/kg) in deine Tabelle ein und versuche die ermittelten Werte zu erklären.
Erarbeite aus deinen Versuchsergebnissen Empfehlungen, wie man die Aufnahme von großen Nitrat- (bzw. Nitrit-) Mengen möglichst vermeiden kann.

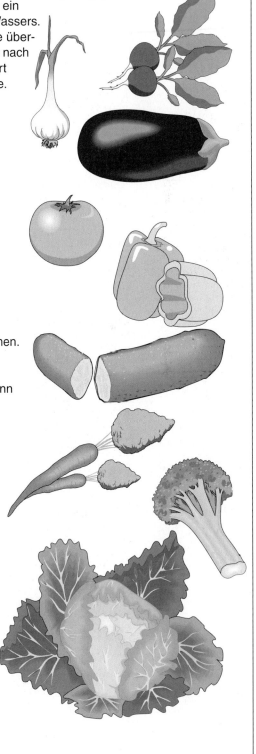

Infektiöse Proteine – Ursache für BSE?

- **Klassenstufe:** 11–13
- **Schwerpunkt:** Mensch / Gesundheit
- **Voraussetzungen:** Grundkenntnisse der molekularen Zellbiologie und der Virologie

Sachinformation

BSE *(bovine spongiforme Enzephalopathie)* des Rindes und *Scrapie* des Schafes (engl. *to scrape* = kratzen; erkrankte Tiere leider unter intensivem Juckreiz) gehören zu einer Gruppe von Hirnkrankheiten, die auch bei Zuchtnerzen, Elchen, Katzen und dem Menschen (s. Tab. 1) beschrieben sind. Den gleichzeitig zu beobachtenden Ablagerungen des Proteins *Amyloid* verdankt die Gruppe von Krankheiten ihr Synonym *Amyloidosen*.

Bei der klassischen *Creutzfeldt-Jakob-Krankheit* (CJK) handelt es sich um eine sehr seltene Erkrankung. Das Durchschnittsalter der Opfer beträgt 68 Jahre. In Großbritannien werden seit 1990 alle Fälle von CJK registriert. In den Jahren 1993 bis 1994 starben ungewöhnlicherweise zehn Briten unter 42 Jahren daran. Die Patienten zeigten allerdings ein verändertes Krankheitsbild. Sie litten an Wutausbrüchen und Wahnvorstellungen. Bei neuroanatomischen Untersuchungen der Gehirne der verstorbenen Patienten fand man neuartige Ablagerungen (s. Zusatzinformation). Man nannte die Krankheit deshalb *nV-CJK* (neue Variante). Die Ablagerungen in den Gehirnen an BSE verstorbener Rinder sind mit denen der nV-CJK identisch. Auch epidemiologische Daten weisen auf einen Zusammenhang zwischen dem Auftreten von BSE und der Creutzfeldt-Jakob-Krankheit beim Menschen hin (s. Abb. 1 und 2).

Eine Theorie zur Erklärung der BSE-Fälle und der nV-CJK-Erkrankungen geht davon aus, dass der Erreger der Schafseuche Scrapie mit der Fütterung von Tiermehl auf das Rind und über dieses auf den Menschen übertragen wurde. Bei der Passage des Rindes hat sich der Erreger in eine für den Menschen infektiöse und bösartige Variante umgewandelt. Der Verzehr von infiziertem Schaffleisch ist für den Menschen nämlich ungefährlich.

Britische Tierkadaververarbeitungsanlagen senkten Anfang der 80er-Jahre die Temperaturen bei der Verarbeitung von Tierkadavern zu Tiermehl ab. Der Erreger der Schafseuche Scrapie könnte damit der Inaktivierung entgangen und ins Futter von Rindern gelangt sein.

Die Arbeitsgruppe des Prionenforschers STANLEY B. PRUSINER identifizierte bei Mäusen ein Gen *(sinc Gen = scrapie incubation)*, das seine Träger mit großer Wahrscheinlichkeit an spongiformer Enzephalopathie erkranken lässt. Dessen Genprodukt *(PrP-scrapie)* ist eine veränderte Variante des regulär auf der Membran von Nervenzellen zu findenden Proteins *Amyloid* (PrP) und unterscheidet sich in seiner Raumstruktur. Srapie-PrP besitzt eine flächig ausgebreitete Domäne *(β-Faltblatt)* an einer Stelle, wo das normale PrP eine globuläre Domäne *(α-helical)* aufweist. Für seine Verdienste um die Charakterisierung des Amyloids wurde PRUSINER 1997 mit dem Nobelpreis für Medizin ausgezeichnet.

Die Frage, ob es sich bei dem Amyloid um ein neuartiges Infektionsprinzip handelt, um ein *Prion* (= infektiöses Protein) oder ob ein konventionelles Virus den Untergang der Nervenzellen verursacht, ist bis heute ungeklärt.

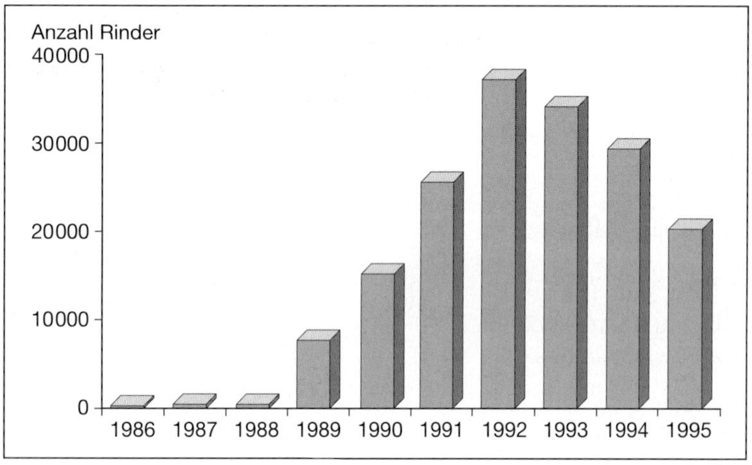

Abb. 1 An BSE verendete Tiere in Großbritannien (nach PRUSINER 1995, verändert)

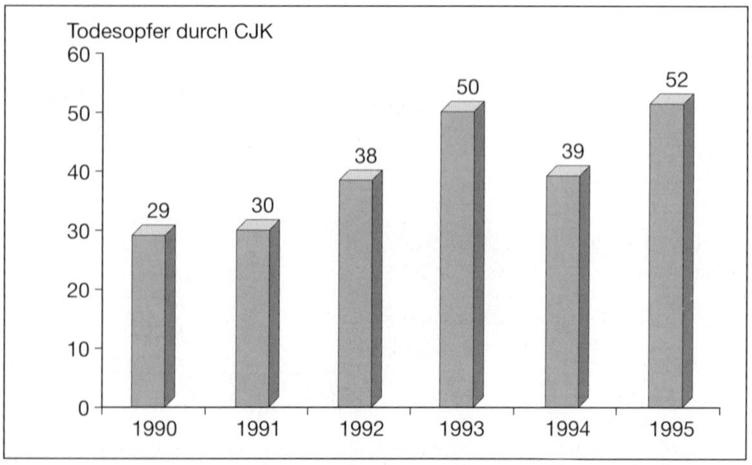

Abb. 2 Tote durch CJK in Großbritannien (Quelle: Der Spiegel 13/1996, verändert)

> **Zusatzinformation**

Rinderwahnsinn und die neue Variante der Creutzfeldt-Jakob-Krankheit

Für die Öffentlichkeit besonders brisant ist die Frage, ob die tödliche Erkrankung durch den Verzehr von Rindfleisch auf den Menschen übertragen werden kann. Diesen Verdacht weckte vor allem eine neue Variante der Creutzfeldt-Jacob-Krankheit *(nV-CJK)*, die rund zehn Jahre nach den ersten BSE-Fällen in Großbritannien aufkam und an der dort schon mehr als 20 Patienten gestorben sind. Sie sind pathologisch-anatomisch durch sogenannte floride-prionproteinhaltige Plaques im Gehirn gekennzeichnet, die in der humanen Neuropathologie vorher nie beobachtet worden waren.

Der Erreger der BSE und der nV-CJK hat praktisch identische Inkubationszeiten und ruft dieselben Veränderungen in den Gehirnen eines Mäuse-Inzuchtstammes hervor. In beiden Charakteristika unterscheidet er sich völlig von der herkömmlichen Form der CJK oder von Scrapie.
(nach KRETZSCHMAR 1997, verändert)

Lösungen zum Arbeitsblatt

1. *Pro Prionentheorie:*
   - Extrakte aus den Gehirnen erkrankter Tiere behalten ihre Infektiosität bei, wenn sie mit UV-Strahlung behandelt werden, die die DNA zerstört.
   - Bisher konnte aus den Extrakten kein Virus isoliert werden, das als Erreger in Frage kommt.

   Pro Virustheorie:
   - Mit im Reagenzglas erzeugtem und hochreinem verändertem Amyloid konnte bisher noch kein Versuchstier infiziert werden.
   - Das Protein Amyloid kommt in hoher Konzentration auf der Membran von Nervenzellen vor, wie es von einem Virusrezeptor erwartet wird.
2. Infektionskrankheiten können nur dann effektiv bekämpft werden, wenn der Erreger bekannt ist. In Kultur genommen kann seine Biologie untersucht werden, Nachweisverfahren und möglicherweise Impfstoffe sowie Medikamente können entwickelt werden.
3. Viren benötigen zu ihrer Vervielfachung Wirtszellen. Um in die Zellen gelangen zu können, docken Viren an bestimmten membranständigen Rezeptoren an. Nach Blockade dieser Rezeptoren mit Antikörpern dürfte es zu keiner Vermehrung der zu untersuchenden Erreger kommen. Das Gleiche gilt nach einer Blockade des Proteinbiosyntheseapparates der Wirtszellen.

   Viren sind größer als Proteine. Presst man die Extrakte aus erkrankten Hirnen durch Filter, deren Maschengröße unter der Größe bekannter Viruspartikel liegt, sollte man einen virusfreien Extrakt gewinnen, in dem sich nur mehr Protein befindet. Dieses dürfte nicht infektiös sein.
4. Herkömmliche Erreger enthalten Erbmaterial in Form von DNA oder RNA. Nachdem sie in den Wirtsorganismus eingedrungen sind, vermehren sie sich und natürlich auch das Erbmaterial. Das neue Infektionsprinzip ist nicht mehr an DNA oder RNA gebunden.

Literatur

DIRINGER, H., ÖZEL, M.: Übertragbare Enzephalopathien – wodurch werden sie verursacht? In: Spektrum der Wissenschaft 3/1995, S. 52–54

GLOCKSHUBER R. et al.: Dreidimensionale Struktur einer Domäne des zellulären Prion-Proteins aufgeklärt. In: Spektrum der Wissenschaft, 9/1996, S. 16–18

KRETSCHMAR, H.: Nobelpreis für Medizin – infektiöse Proteine. In: Spektrum der Wissenschaft 12/1997, S. 22–24

PRUSINER, B. S.: Prionen-Erkrankungen. In: Spektrum der Wissenschaft 3/1995, S. 44–52

Krankheit	Symptome	Quelle	Dauer vom Ausbruch bis zum Tod
Kuru	Verlust der Bewegungskoordination, Demenz	Infektion	1 Jahr
Creutzfeldt-Jakob-Krankheit	Verlust der Bewegungskoordination, Demenz	10 % erblich bedingt, sonst unbekannt	bis 10 Jahre
Gerstmann-Sträussler-Syndrom	Verlust der Bewegungskoordination, Demenz	erblich bedingt, Mutation im PrP-Gen	2 bis 6 Jahre
letal familiäre Insomnie	Schlafschwierigkeiten, Geistesschwäche	erblich bedingt, Mutation im PrP-Gen	1 Jahr

Tab. 1 Spongiforme Enzephalopathien des Menschen

Spongiforme Enzephalopathien

Kuru („lachender Tod") ist eine Krankheit, die beim Stamm der Fore im Hochland Papua-Neuguineas beobachtet wurde. „Lachender Tod" wird die Krankheit genannt, weil die Gesichtsmuskulatur beeinträchtigt wird, was den Betroffenen einen grinsenden Gesichtsausdruck verleiht. Die Patienten leiden unter starken Störungen der Bewegungskoordination, büßen nach und nach ihre geistigen Fähigkeiten ein und sterben schließlich. Die Übertragung des Erregers von Generation zu Generation geschah bei einer Form des rituellen Kanibalismus: Als Zeichen der Totenverehrung verzehrten die Hinterbliebenen das Gehirn der Verstorbenen. Seit dieser Brauch erloschen ist, gibt es auch nur noch wenige Fälle von Kuru.

Kuru gehört zu einer Gruppe von Gehirnerkrankungen, die bei verschiedenen Säugetierarten bekannt sind und die als *spongiforme Enzephalopathien* zusammengefasst werden. Stets findet man eine massive Zerstörung von Gehirngewebe vor. Im lichtmikroskopischen Bild können regelrechte Löcher im Gewebe, wie in einem Schwamm, sichtbar sein. Man spricht auch von „Hirnschwamm" (lat. *spongiform* = schwammförmig). Außerdem findet man Ablagerungen eines Proteins, das *Amyloid* genannt wird.

Brisant ist das Thema spongiformer Enzephalopathien geworden, weil man seit dem Auftreten von BSE-Fällen *(bovine spongiforme Enzephalopathie)* bei Rindern annimmt, dass diese Erreger Artgrenzen überschreiten. Man geht davon aus, dass der Erreger im Fall BSE vom Schaf auf das Rind übertragen wurde. Weiter nimmt man an, dass sich der Mensch durch Verzehr von infiziertem Rindfleisch anstecken kann.

Bisher konnten die Erreger spongiformer Enzephalopathien nicht identifiziert werden. Die Forschergemeinde hat sich in zwei Lager geteilt: Die einen gehen von einen neuartigen Erregertyp aus, die anderen nehmen herkömmliche Viren als Erreger an.

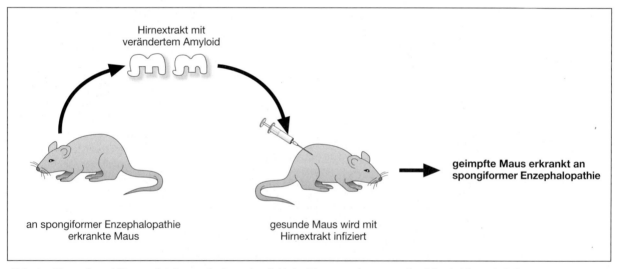

Abb. 1 Versuch an Mäusen: Ist das veränderte Amyloid der Erreger oder versteckt sich ein Virus darin?

Aufgaben

1. Hypothesen gelten dann als wahrscheinlich, wenn die von ihnen abgeleiteten Vorhersagen zutreffen. Kommen immer mehr Indizien zusammen, die die Hypothese untermauern, gibt es einen Punkt, an dem vernünftigerweise Zweifel nicht mehr gelten können.
Welche Vorhersagen machen die beiden beschriebenen Theorien (Prionen- und Virustheorie; s. Blatt „BSE – eine Krankheit, zwei Theorien") und welche experimentellen Befunde sprechen für die eine oder andere Theorie?

2. Warum ist die Klärung der Frage, welche Erreger spongiforme Enzephalopathien auslösen, eigentlich so wichtig?

3. Informieren Sie sich in Ihrem Biologiebuch über Aufbau und Funktionsweise eines Virus. Auf welche Weise könnte man die Virustheorie einer weiteren Prüfung unterziehen?

4. Informieren Sie sich mithilfe Ihres Biologiebuches über Infektionskrankheiten. Wenn die Prionentheorie tatsächlich zutrifft, worin unterscheiden sich die neuartigen Erreger von den bisher bekannten?

BSE – eine Krankheit, zwei Theorien

Die Prionentheorie

Überträgt man einen Extrakt aus Gehirngewebe von Mäusen, die an spongiformer Enzephalopathie erkrankt sind, auf gesunde Mäuse, so erkranken diese ebenfalls. Da die Infektiosität der Extrakte auch nach einer Bestrahlung mit hartem UV-Licht, das die DNA zerstört, erhalten bleibt, nehmen die Anhänger der Prionentheorie infektiöse Proteine als Erreger an. Diesem völlig neuartigen Erregertyp gaben sie den Namen *Prion*.

Aus den Extrakten konnte man das Protein *Amyloid* isolieren, das auf der Zellmembran von Nervenzellen vorkommt. Das Protein aus den Extrakten unterscheidet sich jedoch in seiner räumlichen Gestalt vom „normalen" Amyloid: Es ist flächig ausgebreitet (Abb. 1).

Die Übertragbarkeit der Krankheit erklärt die Prionentheorie damit, dass das veränderte Amyloid, wenn es in gesunde Organismen gelangt, die normalen Amyloid-Proteine zwingt, seine räumliche Gestalt anzunehmen. Das veränderte Amyloid lagert normales Protein an und prägt ihm seinen Bauplan auf (Abb. 1). Die umgestalteten Amyloid-Proteine aggregieren und bilden die Ablagerungen im Hirngewebe Erkrankter.

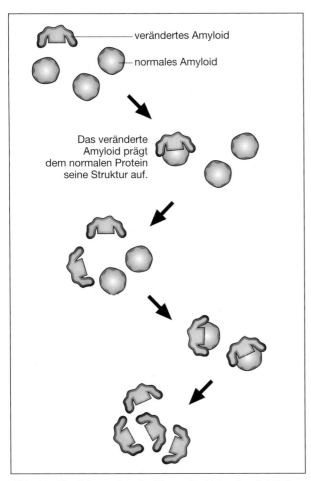

Abb. 1 Die Prionentheorie: Ein verändertes Amyloid ist der Erreger

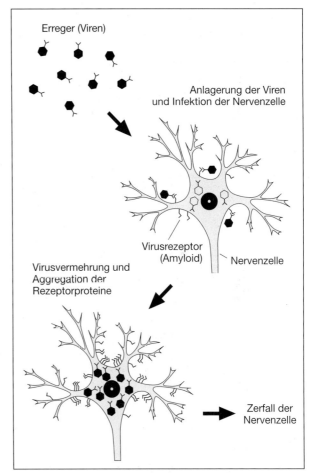

Abb. 2 Die Virustheorie: Ein Virus ist der Übeltäter

Die Virustheorie

Die Verfechter der Virustheorie halten das Amyloid in den Extrakten erkrankter Tiere für eine Verunreinigung, worin sich tatsächlich ein Virus versteckt hat. Dieses konnte allerdings bisher nicht identifiziert werden. Die Amyloid-Proteine auf den Nervenzellen benutzt das Virus nach dieser Theorie als Rezeptoren, an die es sich anlagern kann. Dann dringt das Virus in die Zellen ein und wird dort vermehrt (Abb. 2). Die Reaktion mit dem Virus und die Infektion der Nervenzellen veranlassen die Rezeptorproteine zur Aggregation. Die Anhänger der Virustheorie weisen darauf hin, dass es mit im Reagenzglas erzeugtem und hochreinem verändertem Amyloid bisher noch in keinem Fall gelungen sei, die Krankheit bei Tieren auszulösen.

© Als Kopiervorlage freigegeben. Ernst Klett Verlag GmbH, Stuttgart 1998

Das Altern – eine Energiekrise der Zelle

- **Klassenstufe:** 11–13
- **Schwerpunkt:** Stoffwechsel
- **Voraussetzungen:** Bau und Funktion von Mitochondrien, biochemische Grundlagen der Atmung, Bau und Funktion von Biomembranen

Sachinformation

Altern scheint die Folge von Energiemangel im Organismus zu sein. Man nimmt an, dass die Mitochondrien ganz wesentlich am Alterungsprozess beteiligt sind. Untersuchungen der an den Mitochondrienmembranen freigesetzten Peroxid-Radikale (O_2^-) stützen diese Hypothese. Ein bis zwei Prozent des eingeatmeten Sauerstoffs werden bei der Endoxidation nicht in Oxidionen und dann in Wasser sondern in Wasserstoffperoxid (H_2O_2) und in das Peroxid-Radikal umgesetzt. Dieses Peroxid-Radikal ist äußerst reaktiv. Unter anderem attackiert und inaktiviert es Proteine, Nukleinsäuren, Lipide und Kohlenhydrate. Auch für diese Hypothese sprechen einige experimentelle Befunde:

1. Viele Enzyme haben in gealterten Zellen nur noch 25 – 50 % ihrer ursprünglichen Aktivität.
2. Die Proteinveränderungen lassen sich bei jungen Organismen kurzzeitig durch oxidativen Stress künstlich erzeugen. Selbst an isolierten Enzymen kann auf chemischem Weg eine solche Sauerstoffbindung erzeugt werden.
3. Im Experiment mit 3-jährigen Ratten (vergleichbar mit einem 90-jährigen Menschen) waren 30 – 50 % des gesamten Proteingehaltes der Zelle oxidiert und damit in ihrer Funktion geschädigt. Gleichzeitig konnte beobachtet werden, dass Faktoren und physiologische Bedingungen, die im Tierversuch zur Erhöhung des Lebensalters führten, zugleich einen Rückgang an oxidierten Proteinen zur Folge hatten.
4. Da das reaktive Peroxid-Radikal in der Atmungskette entsteht, sind damit die Mitochondrien ganz entscheidend am Alterungsprozess beteiligt. Man weiß, dass bei einer ganzen Reihe von degenerativen Krankheiten (z. B. Parkinson'sche Krankheit) Schäden an der Mitochondrien-DNA bestimmter Gehirnzellen auftreten.

„ Zusatzinformation

Wirkung von Peroxid-Radikalen und Schutzenzymen

Das Peroxid-Radikal reagiert nicht unbedingt sofort nach seiner Entstehung; es kann durch die Zelle diffundieren. Vermutlich beruht seine schädigende Wirkung darauf, dass es Metallionen zu sehr reaktiven Wertigkeitsstufen umwandelt und sie dadurch aus den Proteinkomplexen freisetzt. Die Freisetzung von Eisen aus Ferritin wurde nachgewiesen.

Die lebende Zelle hat gegen die zerstörerische Wirkung der reaktiven Peroxid-Radikale und des Wasserstoffperoxids ein Schutzsystem aufgebaut. Es gibt Enzyme, die Wasserstoffperoxid abbauen. Das Peroxid-Radikal geht leicht Verbindungen mit Vitamin C und E, Glutathion und β-Karotin ein. Solche oxidierten Verbindungen können durch Enzyme abgebaut werden. Diese Schutzenzyme fangen normalerweise die Radikale ab. Wenn jedoch irgend etwas den regulären Abfluss von Elektronen durch die Atmungskette behindert, können im Staubereich Einzelelektronen auf Sauerstoffmoleküle übergehen. Dann entstehen verstärkt freie Radikale, die einen Teufelskreis in Gang setzen. Die Folge können z. B. Schädigungen der Mitochondrien-DNA sein, die den Ablauf negativ beeinflussen und zu weiteren Schäden führen.

Insgesamt wird mit zunehmendem Alter das Gleichgewicht von Oxidantien und Antioxidantien immer mehr verschoben. Die oxidierenden Substanzen gewinnen die Übermacht, die Oxidationsschäden an lebenswichtigen Molekülen nehmen ständig zu (im schlimmsten Fall exponentiell). Die immer schlechter werdende Energieversorgung des Organismus führt schließlich zu dessen Tod.

"

Lösungen zum Arbeitsblatt

1.

$$NADH + H^+ \xrightarrow{2e^-} NAD^+ + 2H^+$$

$$\tfrac{1}{2}O_2 \xrightarrow{2e^-} O^{2-}$$

$$O^{2-} \xrightarrow{2H^+} H_2O$$

2. Die Peroxid-Radikale sind sehr reaktiv. Sie oxidieren lebenswichtige Moleküle und machen sie unbrauchbar. Ein Teil der Peroxid-Radikale reagiert zu Wasserstoffperoxid. Betroffen ist in erster Linie der Entstehungsort der Peroxid-Radikale, die Mitochondrien.
3. Ein großer Teil der Enzyme, die in den Mitochondrien wirksam werden, steuert den Atmungsprozess und damit die Energiegewinnung der Zelle. Werden diese Enzyme unwirksam, wird der Atmungsprozess behindert und die Energiegewinnung eingeschränkt. Hört die Energiegewinnung auf, stirbt die Zelle.
4. Die Mitochondrien-DNA befindet sich in unmittelbarer Nähe der Entstehung von Peroxid-Anionen und liegt als freies ungeschütztes Molekül in der Matrix. Da die Mitochondrien-DNA vor allem Enzyme herstellt, die an der Atmung beteiligt sind, wird bei Zerstörung einzelner DNA-Sequenzen der Atmungsvorgang der Zelle behindert. Membranen bestehen aus den Lipidschichten und Proteinen. Viele Proteine sind Transportproteine, wie Carrier und Eiweißschleusen. Werden sie geschädigt, ist der Transport von Stoffen durch die Membran behindert.

Literatur

WALLACE, D.: Mitochondrien-DNA, Altern und Krankheit. In: Spektrum der Wissenschaft 10/1997, S. 79

Das Altern – eine Energiekrise der Zelle

„Das Mitochondrium gleicht einer Sanduhr. Jedes Molekül, das in ihm zerstört wird, bringt den Organismus dem Tod ein winziges Stück näher." Zu dieser Erkenntnis kamen Forscher, als sie den Zusammenhang zwischen den Reaktionsprodukten der Endoxidation der Atmungskette und dem Alterungsprozess von Zellen herausfanden.

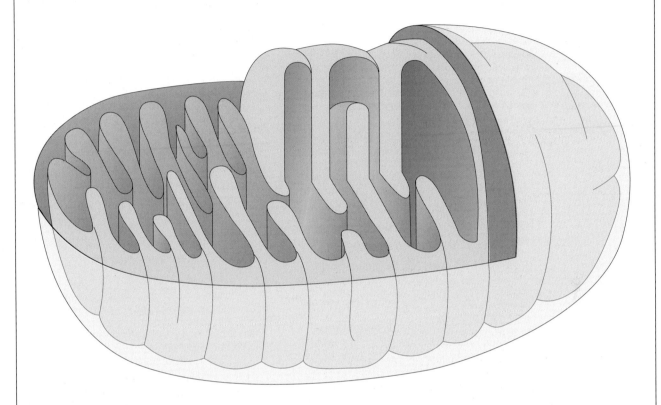

Aufgaben

1. Stellen Sie in vereinfachter Form die Reaktionen der Endoxidation dar.

2. Bei der Endoxidation entsteht nicht nur Wasser, zu einem geringen Prozentsatz werden auch Peroxid-Radikale gebildet.

$$O_2 \xrightarrow{e^-} O_2^-$$

   Welche Wirkung der Peroxid-Radikale auf die unmittelbare Zellumgebung ist zu erwarten?

3. In Experimenten mit Ratten hat man festgestellt, dass in gealterten Zellen 30–50 % der Enzyme in den Mitochondrien oxidiert waren. Welche Auswirkungen hat das auf den Stoffwechsel der Zelle?

4. Bei vielen degenerativen Erkrankungen, wie z. B. bei der Parkinson'schen Krankheit, treten in Gehirnzellen durch Peroxid-Radikale hervorgerufene Schäden an der Mitochondrien-DNA und an der Mitochondrienmembran auf. Welche Auswirkungen haben diese für die Zelle?

Echoortung bei Fledermäusen

- **Klassenstufe:** 12/13
- **Schwerpunkt:** Sinnesphysiologie; Evolution
- **Voraussetzungen:** Grundlagen des Hörens

Sachinformation

Als optisch orientierte Lebewesen können wir uns eine Orientierung mittels Schall nur schwer vorstellen. Wir können zwar Geräusche wahrnehmen, wiedererkennen, die Entfernung einer Geräuschquelle abschätzen und die Richtung, aus der das Geräusch kommt, recht genau ausmachen, doch die Ohren können nicht unsere Augen ersetzen.

Von Fledermäusen ist allgemein bekannt, dass sie Ultraschalllaute aussenden und das von Objekten reflektierte Echo zur Orientierung nutzen können. Ihre Fähigkeiten gehen jedoch weit darüber hinaus, am Echo ein Hindernis oder eine Beute als vorhanden wahrzunehmen. Zur Jagd beispielsweise sind wesentlich mehr Informationen notwendig: Art und Größe der Objekte sowie die Entfernung und relative Geschwindigkeit zur jagenden Fledermaus.

Sucht eine Fledermaus ein fliegendes Beuteobjekt, so sendet sie meistens einen längeren Ultraschallton mit konstanter Frequenz aus. Das von der Beute reflektierte Echo enthält eine Vielzahl von Informationen:
- Die höhere oder niedrigere Frequenz des Echos liefert Informationen darüber, mit welcher Geschwindigkeit sich die Beute relativ zur Fledermaus annähert oder entfernt. Die Ursache dafür ist der *Dopplereffekt*.
- Die Intensität des Echos ist abhängig von der Größe, dem Abstand und der Oberflächenbeschaffenheit der Beute.
- Variiert die Frequenz des Echos in einem bestimmten Rhythmus, so verraten diese Schwankungen die Flügelschlagfrequenz der Beute. Manche Fledermausarten können so die Beuteart erkennen. Bei Insektenarten, die nicht gut schmecken oder die sehr schnell sind, brechen sie dann die Jagd ab.

In der Annäherungs- und Fangphase ändert sich die Art der ausgesandten Laute. Jetzt werden überwiegend frequenzmodulierte Laute ausgestoßen, d.h. innerhalb des Lautes sinkt die Frequenz des Tones. Echos dieser Laute enthalten andere Informationen:
- Aus dem zeitlichen Abstand zwischen Laut und Echo erkennt die Fledermaus den Abstand zur Beute.
- Amplitudenveränderungen im Echo liefern Angaben über die horizontale und vertikale Position des Beuteobjektes.

99 Zusatzinformation

Anatomische Angepasstheiten

Eine sehr genaue und differenzierte Auswertung von Schallsignalen erfordert eine extreme Leistungsfähigkeit der Ohren und der entsprechenden Hirnteile. Untersuchungen haben gezeigt, dass Fledermäuse nicht über spezielle Konstruktionen oder neuronale Verschaltungen verfügen, sondern der für Säugetiere typische Grundplan an die spezielle Leistungsfähigkeit angepasst ist. So ist die Schallempfindlichkeit der Basilarmembran in der Schnecke im Innenohr nicht linear. Im Bereich der möglichen Ultraschallechos lösen sehr nahe beieinander liegende Frequenzen Erregungen an unterschiedlichen Stellen aus (s. Abb.). Zudem sind hier die Sinneshaare besonders dicht angeordnet. Im Bereich des Stammhirnkerns wird bei anderen Säugetieren die Zeitdifferenz zwischen dem Eintreffen des Schalls am linken und rechten Ohr zur Richtungsbestimmung der Schallquelle genutzt. Bei den Fledermäusen, deren Ohrabstand für diese Form der genauen Richtungserkennung nicht ausreicht, hat man hier Neuronen gefunden, die extrem selektiv auf unterschiedliche Schallfrequenzen reagieren.

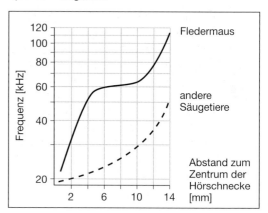

Frequenzabbildung entlang der Basilarmembran in der Hörschnecke einer Schnurrbartfledermaus

Lösungen zum Arbeitsblatt

1. Infolge des Dopplereffektes hat das Echo eine höhere Frequenz als der ausgesandte Laut. Daraus folgt, dass sich der Abstand zwischen Fledermaus und Beute verringert. Durch den Flügelschlag entsteht ebenfalls ein durch Dopplereffekt moduliertes Frequenzmuster im CF-Teil des Echos. Der zeitliche Abstand des FM-Teils des Signals und seines Echos ergibt sich aus dem Abstand Fledermaus/Beute und der Schallgeschwindigkeit. Aus ihm kann die Fledermaus den Abstand zur Beute erkennen.
2. Diese Töne könnten eine Warnung für die Beutetiere darstellen. Außerdem treten im hörbaren Bereich viele Töne und Geräusche auf, die bei der Auswertung der Echosignale störend wären.
3. Raubtiere sind im Wesentlichen optisch orientiert. Das Gehör oder der Geruchssinn dient meist nur zum Aufspüren einer Beute. Die motorische Koordination des Beutefangs wird in der Regel durch optische Sinneseindrücke gesteuert. Da Fledermäuse (und häufig ihre Beutetiere) fliegen, kann der Geruchssinn wenig zur Orientierung beitragen. Da die Ultraschallorientierung auch nachts einsetzbar ist, haben die Fledermäuse hier einen Selektionsvorteil. Im Gegensatz zu dämmerungs- oder nachtaktiven Raubtieren können Fledermäuse auch in völliger Dunkelheit jagen.

Literatur

GROTHE, B.: Vortragsskript zur VdBiol-Tagung, München (1997)

Echoortung bei Fledermäusen – Jagd auf fliegende Insekten

Fledermäuse stoßen Ultraschallaute aus und nutzen das Echo als Informationsquelle. Bei den ca. 900 Fledermausarten haben sich unterschiedliche Lebens- und Ernährungsgewohnheiten entwickelt.

Ihre Ortungslaute unterscheiden sich in Dauer und Frequenz. Außerdem gibt es solche mit konstanter Frequenz (CF) und Laute mit absteigender oder ansteigender Frequenz (FM). Die meisten Fledermausarten können verschiedene Laute erzeugen.

Schnurrbartfledermäuse leben in Mittelamerika. Sie erbeuten im Flug ihrerseits fliegende Insekten. Dazu brauchen sie genaue Informationen über Aufenthaltsort und Geschwindigkeit des Insekts relativ zu ihrer eigenen Lage und Geschwindigkeit. Um diese Informationen zu erhalten senden sie einen Ruf aus, der aus einem Abschnitt konstanter Frequenz und einem frequenzmodulierten Teil besteht. Das Echo wird mit den Ohren aufgenommen und im Gehirn ausgewertet.

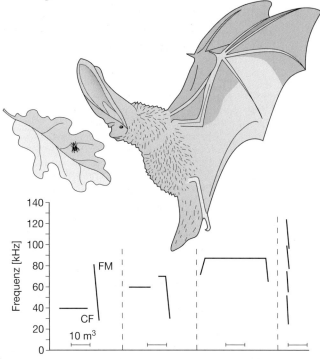

Abb. 1 Unterschiedliche Ruflaute bei Fledermäusen

Ein Echo kann viele Informationen enthalten

- Da die Schallgeschwindigkeit konstant ist, können die Fledermäuse aus der Zeitdifferenz zwischen Aussenden eines Tones und der Ankunft des Echos den Abstand zum Objekt ermitteln.
- Ein Ton wird als unterschiedlich hoch wahrgenommen, wenn der Empfänger und die Schallquelle sich aufeinander zu bewegen oder voneinander weg. Diese Veränderung der Frequenz nennt man *Dopplereffekt*. Man kann dies im Alltag beobachten, wenn ein Polizeiauto mit eingeschaltetem Martinshorn an einem vorüberfährt. In der Annäherungsphase klingt der Ton heller, d. h. seine Frequenz ist höher.

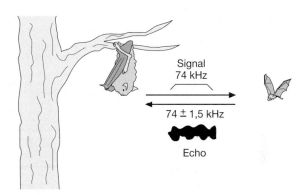

Abb. 2 Der Rhythmus des Flügelschlags verrät die Art der Beute

- Trifft der Ultraschallton einer Fledermaus auf ein flügelschlagendes Insekt, so ist die Frequenz des Echos durch die Bewegung des Flügels im Schlagrhythmus verändert. Das Echo ist frequenzmoduliert. Versuche mit dressierten Fledermäusen haben gezeigt, dass die Tiere auf diese Weise die Beuteart identifizieren können (Abb. 2).

Aufgaben

1. Abbildung 3 zeigt schematisch den von einer jagenden Schnurrbartfledermaus ausgesandten Laut und das Echo eines Beutetieres. Nennen Sie die physikalischen Grundlagen und erklären Sie, welche Informationen die Fledermaus aus dem Echo gewinnen kann.

2. Nennen Sie eine mögliche Erklärung, warum die Fledermäuse zur Echoortung Ultraschall und nicht auch für andere Tiere hörbare Laute verwenden.

3. Vergleichen Sie die Bedeutung unterschiedlicher Sinnesleistungen bei der Jagd bei Fledermäusen und Raubtieren.

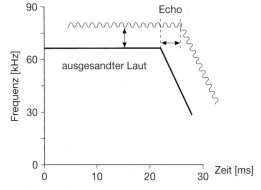

Abb. 3 Welche Informationen liefert das Echo?

„Novel Food" – neuartige Lebensmittel

- **Klassenstufe:** 9/10
- **Schwerpunkt:** Genetik
- **Voraussetzungen:** Schematischer Bau der DNA, Transkription, Translation, Verdauungsvorgänge

Gentechnisch modifizierte Lebensmittel bzw. Organismen (GMO)
nach der Novel-Food-Verordnung der EU, z.B.:

Kategorie 1
reifeverzögerte Tomaten, herbizidtolerante Soja- oder Rapspflanzen, insektenresistenter Mais, Jogurt mit transgenen Lactobakterien

Kategorie 2
Tomatenpüree, Sojaeiweiß

Kategorie 3
Raps- und Sojaöl, Maisstärke, Rübenzucker, Zucker (gewonnen aus Stärke mithilfe gentechnisch erzeugter Enzyme), Käse (hergestellt mit gentechnisch erzeugtem Lab)

Gentechnisch veränderte Nutzpflanzen
mit Import- bzw. Marktzulassung in der EU (Stand: Frühjahr '98): Tomate, Soja, Raps, Mais und Radicchio. In Deutschland sind zur Zeit nur Produkte der Kategorie 3 auf dem Markt.

Sachinformation

Tomaten und andere Früchte enthalten ein Gen für das Enzym *Poly-Galacturonase*. Dieses Enzym entsteht in der reifen Frucht und führt zum Abbau der Zellwände: Die Früchte werden matschig und verderben sehr schnell.

Mit der Antisense-Technik gelingt es, die Bildung dieses unerwünschten Enzyms weitgehend zu blockieren. Dabei wird das Gen mithilfe von *Agrobacterium tumefaciens* ein zweites Mal umgekehrt komplementär in das Pflanzengenom eingebaut. Es entsteht dann eine m-RNA, die komplementär zur enzymbildenden m-RNA ist. Die beiden m-RNA-Stränge vereinigen sich zu einem Doppelstrang. Dadurch wird die Translation am Ribosom verhindert.

Im Mai 1994 erhielt die gentechnisch veränderte *Flavr Savr^R-Tomate* in den USA die offizielle Zulassung als Nahrungsmittel durch die amerikanische Lebensmittelüberwachungsbehörde. Diese sogenannte „Antimatsch"-Tomate bleibt im Vergleich zu gentechnisch nicht veränderten Tomaten im reifen Zustand etwa zwei Wochen länger frisch. Sie muss deshalb nicht mehr unreif und grün geerntet werden, sondern kann am Strauch ausreifen und unter natürlichen Bedingungen Aroma und Vitamine ausbilden.

Seit Februar 1996 ist Tomatenpüree, das aus reifeverzögerten Tomaten hergestellt wurde, in der EU zugelassen. Als die britische Lebensmittelkette Sainsbury's dieses Püree mit der Kennzeichnung „made with genetically modified tomatoes" auf den Markt brachte, stieg der Umsatz in Großbritannien.

In Deutschland haben Gegner des sogenannten „Gen-Foods" die Tomate zu einem Negativsymbol für gentechnisch veränderte Nahrungsmittel gemacht. Mit gefletschten Zähnen fordern aufgeblasene Tomatenmonster in unseren Städten: „Gen-Food kennzeichnen!" Skepsis und Misstrauen – aber auch Unkenntnis über die Gentechnik – erzeugen beim Verbraucher Unbehagen und Verunsicherung. In den USA gibt es kaum Vorbehalte gegenüber gentechnisch veränderten Lebensmitteln.

Didaktisch-methodische Hinweise

Diskussionen zum Thema Gentechnik werden in der Öffentlichkeit häufig emotionsbeladen geführt – zumal, wenn es sich um gentechnisch veränderte Lebensmittel handelt. Das Beispiel „Gen-Tomate" soll Schülerinnen und Schülern Informationen an die Hand geben und sie in die Lage versetzen, Pro und Contra sachlich abzuwägen. Ein Ergebnis kann die Einsicht sein, dass eigentlich jeder Einzelfall gesondert beurteilt werden muss und dass dazu ein hohes Maß an Sachkenntnis notwendig ist.

Die Frage, ob Gentechnik aus ethischer Sicht überhaupt vertretbar ist, bleibt hier allerdings ausgeklammert.

> **Zusatzinformation**
>
> ### Die Novel-Food-Verordnung der EU
>
> Am 15. Mai 1997 trat die „Verordnung (EU) Nr. 258/97 des Europäischen Parlamentes und des Rates vom 27. Januar 1997 über neuartige Lebensmittel und neuartige Lebensmittelzutaten" *(Novel-Food-Verordnung)* in Kraft. Unter „Novel Food" versteht man Lebensmittel, die gentechnisch modifiziert bzw. mithilfe gentechnisch modifizierter Organismen (GMO) hergestellt wurden:
>
> *Kategorie 1:* GMO oder Lebensmittel, die GMO enthalten. Die gentechnische Veränderung kann nachgewiesen werden. Sie sind als *„gentechnisch modifiziert"* zu kennzeichnen.
>
> *Kategorie 2:* Folgeprodukte, die direkt aus den Lebensmitteln der Kategorie 1 entstehen und in denen die gentechnische Veränderung (DNA oder entsprechendes Eiweiß) nachweisbar ist, sind ebenfalls *kennzeichnungspflichtig*.
>
> *Kategorie 3:* Nährstoffe, die von GMO oder Enzymen, die aus GMO stammen, hergestellt wurden und von herkömmlichen Lebensmitteln biologisch-chemisch nicht zu unterscheiden sind *(keine Kennzeichnungspflicht)*.
>
> *Kategorie 4:* Produkte, die gesundheits- oder umweltgefährdend sind, erhalten keine Marktzulassung (z.B. allergieauslösende Nahrungsmittel).

Lösungen zum Arbeitsblatt

1. Nicht nur „Gen-Tomaten" enthalten Gene, sondern selbstverständlich auch die nicht veränderten Früchte. Beim nicht informierten Verbraucher kann die verkürzende Bezeichnung völlig falsche Vorstellungen wecken.
2. Das zusätzliche Gen führt nicht zu fremden Inhaltsstoffen in den Tomaten. Die aufgenommene Nukleinsäure selbst wird von Verdauungsenzymen in ihre Bausteine *(Nukleotide)* zerlegt und so unschädlich gemacht.
   Hinweis: Mit der Nahrung nimmt der Mensch täglich ca. 1 g fremde DNA auf.
3. *Pro:*
   - Die gentechnisch veränderten Tomaten können am Strauch ausreifen und unter natürlichen Bedingungen Vitamine und Aromastoffe bilden.
   - Sie sind besser lagerfähig und bleiben länger fest.

   Contra:
   - Der Verbraucher kann kaum noch zwischen wirklich frischer und gentechnisch veränderter Ware unterscheiden.
   - Es besteht die Gefahr, dass in noch frisch aussehenden aber schon länger gelagerten Früchten der Abbau von Vitaminen und Aromastoffen bereits fortgeschritten ist.
   - Gentechnisch veränderte Lebensmittel entsprechen nicht mehr dem natürlichen Produkt. Das wird von vielen Verbrauchern so empfunden.

Literatur

Bundesministerium für Ernährung, Landwirtschaft und Forsten (Hrsg.): Die Grüne Gentechnik. (Broschüre), Postfach, 53107 Bonn

Gen-ethisches Netzwerk e.V. (Hrsg.): Essen aus dem Genlabor? (Broschüre), Schöneweider Str. 3, 12055 Berlin

Die „Anti-Matsch-Tomate" – was steckt unter der glatten Schale?

Tomaten – und im Übrigen auch alle anderen Früchte – besitzen ein Gen, das die Bildung eines sogenannten „Matsch-Enzyms" veranlasst. Dieses Enzym spielt eine Rolle bei der Fruchtreife. Es löst bei reifen Früchten die Zellwände auf und sorgt so dafür, dass sie weich werden und verderben. Bei Tomaten läuft dieser Vorgang sehr schnell ab. Sie werden deshalb im Allgemeinen grün, also unreif, geerntet, gekühlt transportiert und dann künstlich nachgereift. Der Verbraucher verlangt schließlich „knackige" Ware.

Schon vor mehreren Jahren konnten Wissenschaftler in den USA das unerwünschte Gen der Tomaten isolieren. Mithilfe gentechnischer Methoden ist es inzwischen gelungen, dieses Gen zusätzlich umgekehrt in die normale Tomaten-DNA einzubauen (s. Abb.). Die beiden Gene – das „richtige" und das „falsche" – bilden nun m-RNA-Stränge, die einander komplementär sind. Die komplementären m-RNA-Stränge lagern sich aneinander und blockieren sich gegenseitig. Auf diese Weise wird die Translation und damit die Bildung des „Matsch-Enzyms" unterbunden.

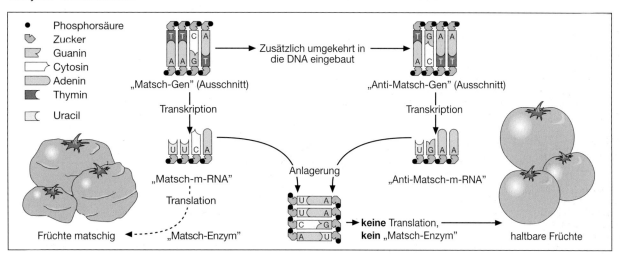

Das Ergebnis des Gentransfers ist als „Anti-Matsch-Tomate" bekannt geworden. Diese reift langsamer und die reifen Früchte bleiben etwa 14 Tage länger fest. Das gentechnisch veränderte Produkt wurde 1994 in den USA zugelassen. Seit Anfang des Jahres 1996 darf Tomatenpüree aus reifeverzögerten Tomaten auch auf dem EU-Markt verkauft werden.

Aufgaben

1. Die gentechnisch veränderten Tomaten werden in den Medien häufig auch als „Gen-Tomaten" bezeichnet. Aus welchem Grund ist diese Bezeichnung zur Unterscheidung von „normalen" Tomaten eigentlich nicht sinnvoll?

2. „Anti-Matsch-Tomaten" enthalten ein Gen, das von Natur aus nicht in Tomaten enthalten ist. Weshalb ist der Verzehr dieser veränderten Tomaten für den Menschen trotzdem unbedenklich? Berücksichtigt bei der Beantwortung auch die Vorgänge bei der Verdauung.

3. Lest den Informationstext (oben) aufmerksam durch. Überlegt, welche Vorteile und welche Nachteile die „Anti-Matsch-Tomate" für den Verbraucher haben könnte. Denkt z.B. auch an Inhaltsstoffe von Tomaten, wie Vitamine und Aromastoffe, und an deren Haltbarkeit. Bildet eine Pro- und eine Contra-Gruppe und diskutiert in der Klasse darüber. Notiert eure Ergebnisse.

Herbizidresistente Pflanzen – die Gentechnik macht's möglich

- **Klassenstufe:** 9/10
- **Schwerpunkt:** Genetik
- **Voraussetzungen:** Funktion des Zellkerns, Bau der DNA (schematisch), Genbegriff, Translation, Transkription, Intensivierung der Landwirtschaft und Folgen (Grundbegriffe)

Plasmid
Kleiner, ringförmiger DNA-Abschnitt in Bakterien- oder Hefezellen; kann ein oder wenige Gene enthalten; Pflanzen- und Tierzellen haben keine Plasmide.

Vektor
DNA-Abschnitt, z.B. ein Bakterien-Plasmid, der sich in eine fremde Zelle einschleusen lässt und sich in dessen DNA integriert; „Transportvehikel" für zu übertragende Fremdgene

Agrobacterium tumefaciens
Das Ti-Plasmid dieses Bakteriums wird häufig als Vektor eingesetzt, so auch im Fall der Sojapflanzen.

transgen
Lebewesen, in dessen DNA eine artfremde Erbinformation eingeschleust wurde

Markergen
Gen, das einer transgenen Zelle eine charakteristische, leicht erkennbare, überprüfbare Eigenschaft verleiht, zum Beispiel eine Resistenz gegen ein bestimmtes Antibiotikum

Antisense-Gen
Zusätzlich umgekehrt eingebautes Gen, das in RNA umgeschrieben wird, die zur RNA des ursprünglichen Gens komplementär ist und sich damit verbindet (s. Seite 46).

Lebensmittelkontrollen
Neu einzuführende Lebensmittel müssen die Kontrolle der Food and Drug Administration (USA) oder des Robert-Koch-Instituts (Deutschland) durchlaufen.

Sachinformation

Glufosinat *(Phoshinotricin)* ist ein herbizider Wirkstoff, der ursprünglich aus einem Bodenbakterium *(Streptomyces viridochromogenes)* isoliert wurde und inzwischen chemisch synthetisiert wird. Es handelt sich um ein sogenanntes *Totalherbizid,* denn es erfasst eine große Anzahl sowohl monokotyler als auch dikotyler Pflanzen. Der Wirkstoff blockiert das Enzym *Glutaminsynthetase* in Pflanzen. Das entsprechende Enzym von Streptomyces ist anders gebaut und deshalb unempfindlich gegen den Wirkstoff. Diese Resistenz wurde mithilfe der Gentechnik auf Sojapflanzen übertragen, die inzwischen in den USA großflächig angebaut werden (1996: 15% der Sojaanbaufläche). Kritiker befürchten, dass durch Übertragung des Resistenzgens auf verwandte Wildpflanzen ein neues „Superunkraut" entstehen könnte. Ein solcher Fall ist bisher nicht bekannt. Nahrungs- und Futtermittel, die Bestandteile der neuen Sojabohne enthalten, kommen auch auf den europäischen Markt.

Didaktisch-methodische Hinweise

Das Thema „Gentechnik" wird in der Öffentlichkeit kontrovers und häufig emotional diskutiert. Die vorliegende Einheit zeigt an einem sehr umstrittenen Beispiel, dass jeder Einzelfall genau zu betrachten ist, will man sich ein fundiertes Urteil bilden. Das Arbeitsblatt fordert dazu auf, Vermutungen anzustellen (Aufgabe 3). Mithilfe des Zusatztextes „Herbizid und herbizidresistente Sojapflanze" (s. unten) lassen sich diese relativieren.

Lösungen zum Arbeitsblatt

1. *Herkömmliche Züchtung* ist auf zufällig gefundene Pflanzen mit günstigen Eigenschaften angewiesen; es dauert lange Zeit bis ein Erfolg sichtbar wird.

Züchtung mittels Gentechnik erlaubt es, Gene für gewünschte Eigenschaften gezielt in Pflanzen einzuschleusen; das bedeutet eine Zeitersparnis; außerdem können Merkmale kombiniert werden, wie es unter natürlichen Bedingungen nie möglich wäre.

2. Das gewünschte Gen wird aus dem natürlichen Träger isoliert, in einen *Protoplasten* (Pflanzenzelle ohne Zellwand) eingeschleust und dort in die DNA eingebaut. Der so veränderte Protoplast wird mithilfe von Wachstumshormonen zu einem Zellhäufchen *(Kallus)* und schließlich zu einer vollständigen Pflanze herangezogen.

3. *Mögliche negative Folgen:* Es ist zu befürchten, dass bei breiten Einsatz eines Totalherbizids die Wildkrautflora noch rigoroser zurückgedrängt wird (Verstärkung des Artenrückgangs). Tieren des Ackers (z.B. Vögeln und verschiedenen Insektenarten) ginge damit zunehmend die Nahrungsgrundlage verloren. Viele Herbizide sind auch für Insekten und Bodenlebewesen giftig.
Die neue Sojapflanze produziert ein Enzym eines Bodenbakteriums. Dieser zusätzliche Inhaltsstoff könnte für den Menschen gesundheitsschädlich sein. Das Gleiche gilt für eventuelle Rückstände des Herbizids in den Sojabohnen.
Man kann vermuten, dass die neuen Techniken die Intensivierung der Landwirtschaft vorantreiben werden, dass zum Beispiel der nun „unproblematisch" gewordene Herbizideinsatz verstärkt wird – mit allen negativen Folgen, wie z.B. Versickerung, Belastung der Gewässer und des Grundwassers.
Erwünschte Auswirkungen: Die neue Sojasorte ist weitgehend von der Konkurrenz der Ackerwildkräuter befreit. Es lassen sich höhere Erträge erzielen. Die Herbizidanwendung wird einfacher. Das spart Kosten für den Landwirt (s. auch Aufgabe 1).

Literatur

Biologische Bundesanstalt für Land- und Forstwirtschaft (Hrsg.): Aspekte des Anbaus herbizidresistenter Kulturpflanzen. Mitteilungen, H 286, Parey Berlin 1993

Herbizid und herbizidresistente Sojapflanze

Das Herbizid *Glufosinat* wird im Boden schnell abgebaut (Halbwertszeit: eine Woche). Versickerung und Grundwasserbelastung sind nicht zu erwarten. Es reichert sich nicht in der Nahrungskette an. Glufosinat ist für Warmblüter gering giftig (keine Kennzeichnung nach der Gefahrstoffverordnung nötig). Bei bestimmungsgemäßer Anwendung werden Bodenorganismen nicht beeinträchtigt. Glufosinat ist nicht bienengefährlich und für Wasserorganismen nur gering giftig. Im Gegensatz zu anderen Herbiziden wirkt es auch noch optimal, wenn die „Unkräuter" schon herangewachsen sind. Dadurch verringert sich die nötige Anzahl der Spritzungen.

Glufosinat wird über das Blatt und andere grüne Pflanzenteile aufgenommen und in der Pflanze kaum verlagert *(Kontaktherbizid).* Das Mittel hat keine Dauerwirkung. Rückstände in den Früchten der Pflanze sind nicht zu erwarten. (Viele andere gebräuchliche Herbizide haben weniger günstige Eigenschaften.)

Ob die großflächige Anwendung des Totalherbizids zu einer Verstärkung des Artenrückgangs führt, kann noch nicht beurteilt werden. Dazu liegen noch nicht genügend Erfahrungen vor.

Über allergische Reaktionen und sonstige Gesundheitsschäden infolge des zusätzlichen Inhaltsstoffs (Bakterienenzym) der gentechnisch veränderten Sojabohnen ist bisher nichts bekannt. Das eingeschleuste Fremdgen wird – wie die übrige DNA der Pflanze – bei der Verdauung abgebaut.

Gentechnik in der Landwirtschaft – und die Folgen

Pflanzenzüchtung ist nichts Neues. Solange es Nutzpflanzen gibt, versucht der Mensch diejenigen mit den aus seiner Sicht günstigsten Eigenschaften auszulesen, zu kreuzen und zu vermehren. Das ist in der Regel ein langwieriger Prozess, der über viele Pflanzengenerationen geht. Ziele sind z. B. Ertragssteigerung, Widerstandsfähigkeit gegen Krankheiten und Schädlinge oder die Kombination bestimmter Pflanzeninhaltsstoffe.

Die Gentechnik eröffnet nun ganz neue Möglichkeiten. Mithilfe verschiedener Methoden lassen sich ganz gezielt Gene aus anderen Lebewesen in die DNA von Nutzpflanzen einschleusen. Auf diese Weise hat man inzwischen unter anderem Sojapflanzen hervorgebracht, die gegen ein bestimmtes „Unkrautvernichtungsmittel" *(Herbizid)* resistent sind. Die neuen Sojapflanzen werden in den USA bereits großflächig angebaut.

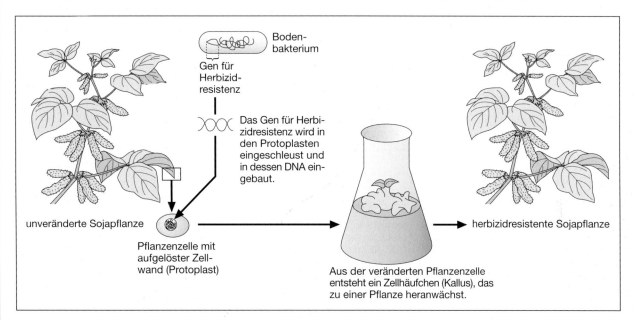

Aufgaben

1. Lies den einleitenden Text und notiere die wichtigsten Unterschiede zwischen herkömmlicher Züchtung und Züchtung mittels Gentechnik.

2. Beschreibe den in der Abbildung dargestellten Vorgang des Gentransfers an Sojapflanzen in Stichworten.

3. Das oben erwähnte Herbizid (Wirkstoff: Glufosinat) blockiert bei empfindlichen Pflanzen ein lebenswichtiges Enzym und bringt sie so zum Absterben. Die neuen Sojapflanzen produzieren zusätzlich zu diesem Enzym ein weiteres, das dessen Funktion übernehmen kann, aber unempfindlich gegen das Herbizid ist. Glufosinat ist übrigens ein sogenanntes *Totalherbizid*. Es vernichtet viele Kräuter und Gräser.

    Überlege, welche Auswirkungen der Anbau der herbizidresistenten Sojapflanzen haben könnte. Denke z. B. an Tiere und Pflanzen des Ackers, an den Menschen als Konsumenten und an die weitere Entwicklung der Landwirtschaft. Notiere deine Überlegungen in deinem Heft.

Bau der DNA

- **Klassenstufe:** 11–13
- **Schwerpunkt:** Genetik
- **Voraussetzungen:** Polare Bindungen (Chemie)

Didaktisch-methodische Hinweise

Mithilfe des Arbeitsblattes (s. Seite 52) lässt sich die Struktur der DNA erarbeiten. Die Basenpaarungen können hergeleitet und begründet werden. Die Richtungen der Einzelstränge der DNA sind erkennbar (s. Zusatzinformation). Als wesentliche Grundlage sind Kenntnisse über polare Bindungen aus der Chemie erforderlich. Diese können mithilfe des Textes „Polare Bindungen" erarbeitet werden (s. Seite 51 oben).

Das Stereobild (s. Seite 53) bietet eine (vergnügliche) Möglichkeit, die räumliche Struktur der DNA zu betrachten. Die Abbildung stammt aus „Spektrum der Wissenschaft" (2/84).

> **Zusatzinformation**
>
> **Die Strangrichtungen der DNA-Einzelstränge**
>
> Die Strangrichtungen der DNA-Einzelstränge sind von großer Bedeutung, da Enzyme, die die Nukleinsäuren bearbeiten (z. B. diverse Polymerasen), nur in einer Strangrichtung arbeiten können. Auch bei der RNA ist die Information nur in einer Richtung vorhanden.
>
> Das Rückgrat jedes einzelnen Stranges besteht aus einer Kette aus Zuckermolekülen (*Desoxyribose*) und Phosphorsäure. Die einzelnen C-Atome im Zuckermolekül werden in der Chemie üblicherweise nummeriert, wobei zur Unterscheidung von den Basenatomen, die ebenfalls nummeriert sind, die Ziffern mit einem kleinen Strich (') versehen sind (s. Abb.). Die Basen sind stets mit dem Atom 1' der Desoxyribose verbunden, während die C-Atome, die mit Phosphorsäure verestert sind und das Rückgrat bilden, die Ziffern 3' bis 5' tragen. Für jeden Einzelstrang ist dies überall in derselben Reihenfolge der Fall und dies bestimmt die *Richtung* eines Stranges: von 3' nach 5'. Die beiden Stränge der gesamten Doppelstrang-DNA besitzen eine einander entgegengesetzte Richtung; sie sind *antiparallel*.
>
>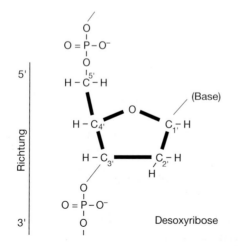

Lösungen zum Arbeitsblatt S. 52

1. s. Abb. 1 auf der nächsten Seite
2. s. Abb. 2 auf der nächsten Seite
3. – Die Partialladungen der Basen sind bei den bekannten Paarungen jeweils komplementär zueinander: Einem δ^+ bei der einen Base entspricht ein δ^- bei der Base gegenüber. Dies begründet die bekannten Paarungen.
   – Bei anderen Paarungen stehen sich immer an (mindestens) einer Position gleichartige Partialladungen gegenüber, die zur Abstoßung führen würden. Dies gilt selbst dann, wenn man die Basen an der Bindung zur Desoxyribose rotiert und dann umgekehrt anlagert. Andere Paarungen sind daher nicht möglich.
   – Weiterhin ist bei den bekannten Paarungen jeweils eine „kleine" Base (Einzelring, Pyrimidinbase, C oder T) mit einer großen Base (Doppelring, Purinbase, A oder G) gepaart. Bei anderen denkbaren Paarungen wäre der Strangabstand daher entweder kleiner (C mit T) oder größer (A mit G). Bei einem Vorkommen derartiger Paarungen hätte der DNA-Doppelstrang Beulen und Einschnürungen, ein gleichmäßiger Abstand der beiden Einzelstränge wäre nicht möglich.

   Hinweis: Die Basen liegen in der Realität (anders als in der zweidimensionalen Abbildung) nicht in der Ebene des Doppelstranges, sondern sind aus dieser um nahezu 90° herausgedreht (siehe auch die 3D-Abbildung). Eventuelle Anziehungen zwischen im Einzelstrang benachbarten Basen, wie sie die Abbildung vermuten lassen könnte, sind daher nicht gegeben.

Literatur

DICKERSON, R. E.: Die Feinstruktur der DNA. In: Spektrum der Wissenschaft. Heft 2/1984

Polare Bindungen in der Biologie

Die Zellen aller Organismen bestehen zu einem großen Teil aus Wasser, das u. a. als Lösungsmittel vieler Zellinhaltsstoffe dient. Große Bedeutung kommt daher den Wechselwirkungen zwischen biologischen Stoffen und Wasser zu. Wichtig hierfür sind u. a. polare Bindungen der Moleküle. Ursache für die Polarisierung einer Bindung ist die asymmetrische Verteilung der Bindungselektronen. Dadurch wird z. B. im Wassermolekül das Sauerstoffatom leicht negativ und die Wasserstoffatome leicht positiv, sie besitzen eine negative bzw. positive Teilladung (δ^- bzw. δ^+). Jede Bindung zwischen Sauerstoff und Wasserstoff ist auf diese Weise polarisiert. Daneben gibt es eine Reihe weiterer ebenfalls polarer Bindungen in biologischen Molekülen:

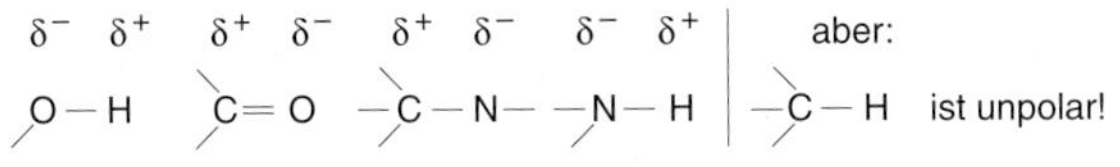

Zwischen den Teilladungen verschiedener Moleküle bestehen (je nach Ausrichtung) Anziehungs- oder Abstoßungskräfte und ebenso auch zu ganzen Ionenladungen. Wenn Wasserstoff dabei als Partner mit δ^+-Ladungen vorkommt, nennt man dies eine *Wasserstoffbrückenbindung* (oder kurz: *Wasserstoffbrücke*).

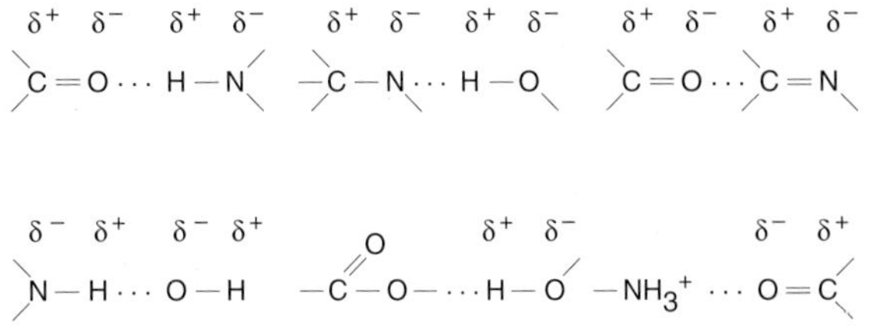

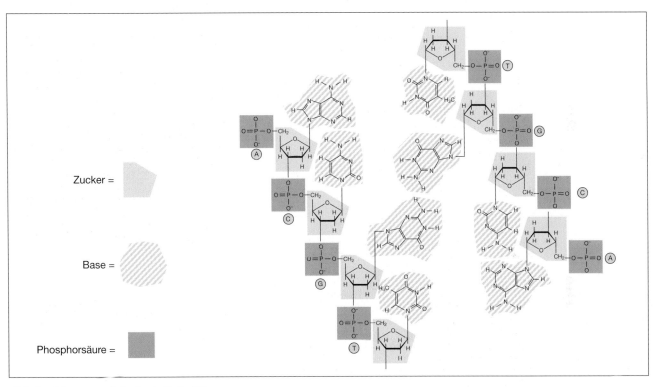

Abb. 1 Lösung zu Aufgabe 1, Seite 52

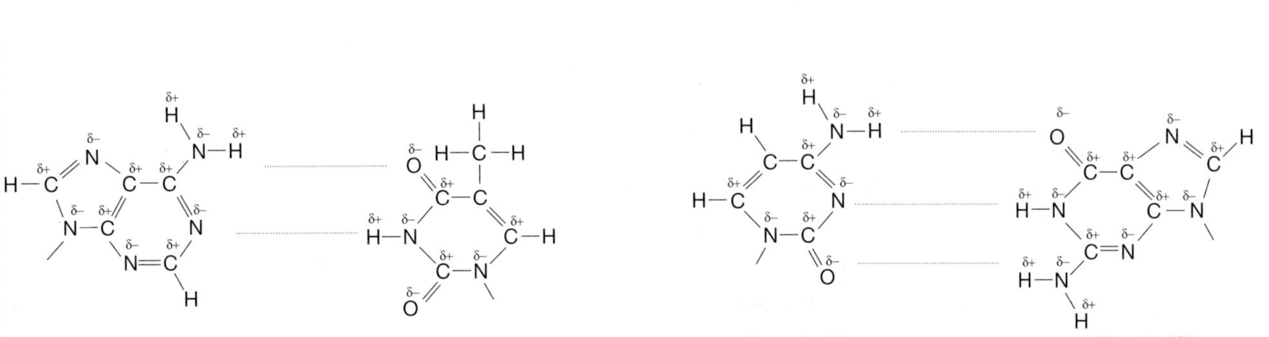

Abb. 2 Lösung zu Aufgabe 2, Seite 52

Bau eines DNA-Doppelstranges

(Ausschnitt mit den 4 Basenpaaren)

Aufgaben

1. Kennzeichnen Sie die drei Bauteile der Nukleotide (Zucker, Base, Phosphorsäure) mit verschiedenen Farben (mit Buntstiften farbig hinterlegen o. ä.). Markieren Sie die „Grenzen" der Nukleotide.

2. Notieren Sie an den Basen (nur dort) die Partialladungen aller polaren Bindungen.

3. Begründen Sie die auftretenden Basenpaarungen. Wären für den Bau der DNA andere Basenpaarungen möglich oder nicht? Schneiden Sie gegebenenfalls die einzelnen Nukleotide aus und legen Sie diese in anderen Paarungen zusammen.

Die Doppelhelix hat Format

Die Abbildung stellt ein *Stereobild* dar, das ähnlich wie die bekannten „magischen Bilder" betrachtet werden muss. Halten Sie dazu die Abbildung etwa in halber Armlänge vor die Augen und konzentrieren Sie sich in Ruhe darauf. Sie müssen nun die Bilder vom linken und rechten Auge neu zur Deckung bringen. Dazu kann man entweder quasi in die Weite blicken oder aber leicht schielen. Mit beiden Methoden erblickt man dann in der Mitte der Abbildung räumliche Darstellungen der DNA-Doppelhelix. Neben der korrekten sieht man eine weitere, aber falsche Version. Welche dies ist, hängt von der gewählten Methode der Betrachtung ab. Die korrekte Version ist in jedem Fall diejenige Helix, die sich *im Uhrzeigersinn aufwärts* dreht.

(Abb. aus : Spektrum der Wissenschaft 02.1984, S. 85)

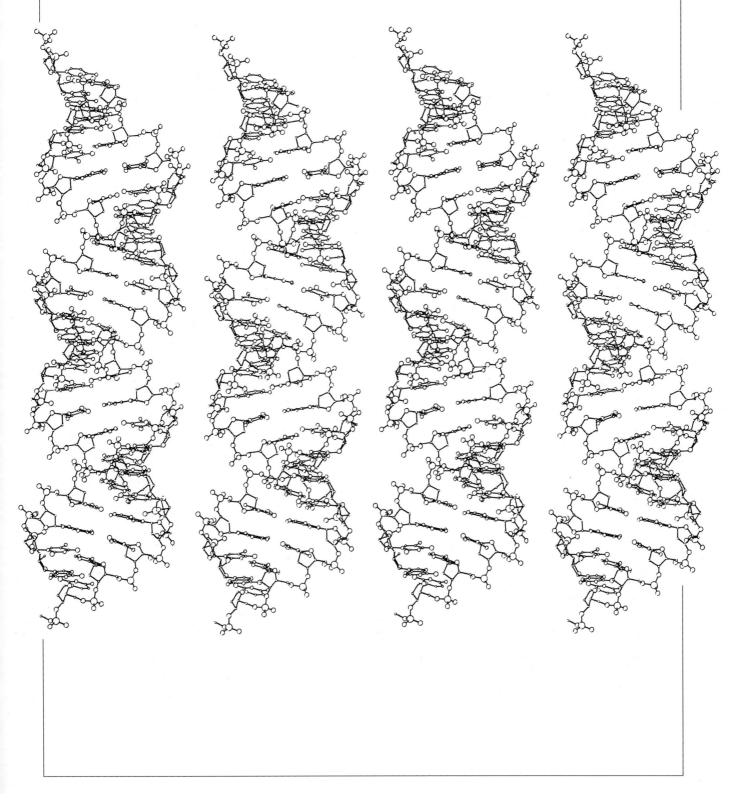

Kaspar Hausers Fingerprint

- **Klassenstufe:** 11–13
- **Schwerpunkt:** Genetik
- **Voraussetzungen:** mitochondriale DNA, serologische Verfahren

Sachinformation

Hochwohlgeborener Hintergrund der Spekulationen

Markgraf Karl-Friedrich von Baden hatte nach dem Tode seiner Frau Caroline Luise die 40 Jahre jüngere Hofdame Luise geheiratet (s. Stammbaum S. 55). Diese Ehe wurde als nicht standesgemäß empfunden und Kinder aus dieser Verbindung konnten sich nur dann Hoffnung auf eine Thronfolge machen, wenn es keine männlichen Nachkommen aus der ersten Ehe von Karl-Friedrich gab. Caroline hatte ihrem Mann jedoch drei Söhne geschenkt.

Binnen sechs Jahren verstarben vier Thronberechtigte: Die zwei Söhne Kaspar und Alexander von Großherzog Karl von Baden und Stephanie, der Großherzog selbst sowie sein Onkel Friedrich. 1830 war es dann soweit! Nach dem Tode Ludwigs, des letzten Sohns aus Karl-Friedrichs erster Ehe, konnte Leopold, der älteste Sohn der Gräfin Luise, tatsächlich den badischen Thron besteigen. Keiner mochte so recht an Zufall glauben.

Vor diesem Hintergrund muss man die Spekulationen um Kaspar Hauser sehen. Hatte doch Stephanie de Beauharnaise 1812 einen kräftigen Sohn geboren, der nach ca. zwei Wochen verstarb. Wer wollte so genau sagen, ob dieses Kind nicht gegen ein krankes ausgetauscht und entführt worden war. Als 1828 der 16-jährige Kaspar Hauser vor den Toren Nürnbergs auftauchte, hielt man ihn für den lang verschollenen badischen Erbprinzen. 1833 wurde Kaspar Hauser von unbekannter Hand ermordet. Das Verbrechen wurde nie aufgeklärt.

Wissenschaftsgeschichte

Im Jahre 1996 begab sich der Pathologe GOTTFRIED WEICHHOLD am Institut für Rechtsmedizin der Universität München an die Arbeit, allen Spekulationen um die angebliche Identität Kaspar Hausers ein Ende zu setzen. Man hatte zwei Nachfahrinnen der möglichen Mutter Kaspar Hausers gefunden, die zu einer Blutspende bereit waren. Auf enzymatischem Wege holte er unter streng kontrollierten Bedingungen ca. 50 DNA-Fragmente aus einem Blutfleck der Unterhose des Ermordeten, die in einem Museum der Stadt Ansbach aufbewahrt wird. Proteine ließen sich nicht mehr extrahieren. Hätte man Proteine gefunden, so hätte man die Aminosäure-Sequenz dieser Proteine mit denen der beiden Blutspenderinnen vergleichen können. Dieses Verfahren begründet sich auf die von T. SANGER für das Hormon Insulin erarbeitete Methode, für die er 1958 den Nobelpreis erhielt.

Mit modernen technischen Verfahren lassen sich aber die Basensequenzen der DNA direkt darstellen und vergleichen. Dies wurde in zwei unabhängigen Laboratorien getan. Dabei zeigte sich auf einer DNA-Strecke von ca. 760 Basen bei den beiden Blutspenderinnen kein Basenunterschied. Der Vergleich mit der Hauser-DNA erbrachte 7 Unterschiede. Bei einer Auftrittswahrscheinlichkeit von ca. 10^{-10} Punktmutationen je Gen und Generation sind 7 Unterschiede ein auch vor Gericht akzeptierter Hinweis für Nichtverwandtschaft. Daraus folgt: Kaspar Hauser war mit hoher Wahrscheinlichkeit kein Sohn der Stephanie de Beauharnaise.

> **Zusatzinformation**
>
> **Der genetische Fingerabdruck**
>
> Die DNA verschiedener Menschen zeigt trotz weitgehender Übereinstimmung der Basenfolge leichte Unterschiede. Es besteht der grundlegende Zusammenhang: Je größer die Basenunterschiede, desto entfernter die Verwandtschaft.
>
> Für die vergleichende Analyse müssen die winzigen Spuren isolierter DNA (es waren bei Kaspar Hauser nicht mehr als 50 DNA-Fragmente) zunächst über eine Methode vervielfältigt werden, die man Polymerasekettenreaktion *(polymerase chain reaction; PCR)* nennt. Die PCR-Methode nutzt dabei bestimmte Mechanismen der DNA-Replikation. Anschließend wird die Basensequenz der DNA z. B. nach der Kettenabbruch-Methode nach SANGER bestimmt. Eine andere Vorgehensweise besteht darin, mithilfe bestimmter Restriktionsnukleasen die DNA zu zerschneiden. Die Restriktionsnukleasen erkennen immer ganz bestimmte Basensequenzen, wie z. B. GATC. Dadurch entstehen charakteristische, unterschiedlich lange DNA-Fragmente, die sich in nachgeschalteten Verfahren auftrennen, radioaktiv markieren und analysieren lassen. Im ersten Fall wird also die Basenfolge und im zweiten Fall das Auftreten gleicher Bruchstücke verglichen.

Lösungen zum Arbeitsblatt

1. Innerhalb von sechs Jahren waren vier männliche Nachkommen aus der thronfolgeberechtigten Linie (zum Teil unter mysteriösen Umständen) gestorben. Man vermutete, dass die zweite Ehefrau oder ihre Nachkommen die Hände im Spiel hatten. Als Kaspar Hauser auftauchte, hielt man ihn für den 1812 geborenen (und gegen ein krankes Kind ausgetauschten) Sohn der Stephanie.
2. Die zugrunde gelegte Häufigkeit von Punktmutationen schließt eine Verwandtschaft Kaspar Hausers mit den Blutspenderinnen aus. Da diese in dem Vergleichsstück keine Abweichungen zeigen, sind 7 Abweichungen ein Indiz, das auch vor Gericht akzeptiert würde.
3. Es wurde Mitochondrien-DNA untersucht, da diese ausschließlich über das Zytoplasma der Eizelle weitergegeben wird und eine Rekombination damit entfällt. Aus diesem Grund war es wichtig, zum DNA-Vergleich Nachkommen der Stephanie aus rein mütterlicher Linie zu finden.

Literatur

AUST, F.: Schönster Krimi aller Zeiten. In: Spiegel 48/96, 254 ff.

FRANK, R., SOMMERMANN, U., STRÖHLA, G.: Natura. Genetik und Immunbiologie. Klett, Stuttgart 1997

Kaspar Hauser – ein Fall für die Rechtsmedizin

Am 26. Mai 1828 tauchte in Nürnberg ein Junge auf, der nur auffallend unsicher gehen und kaum sprechen konnte. Ein mitgeführter Brief wies ihn als Kaspar Hauser aus, 1812 an unbekanntem Ort geboren. Abnormitäten an Becken und Beinen wiesen auf eine jahrelange sitzende Stellung hin. Er war offensichtlich nur an schwarzes Brot und Wasser gewöhnt. Später erzählte er selbst von jahrelangem Kerkerdasein. Am 17.10.1829 wurde ein erstes Attentat auf ihn verübt, das er jedoch überlebte. Ermordet wurde er am 14.12.1833.

Im Jahre 1830 bestieg Leopold, der älteste Sohn aus Markgraf Karl-Friedrichs zweiter Ehe den badischen Thron. Dies war nur möglich, weil aus der ersten Ehe mit Caroline Luise keine männlichen Nachkommen mehr am Leben waren.

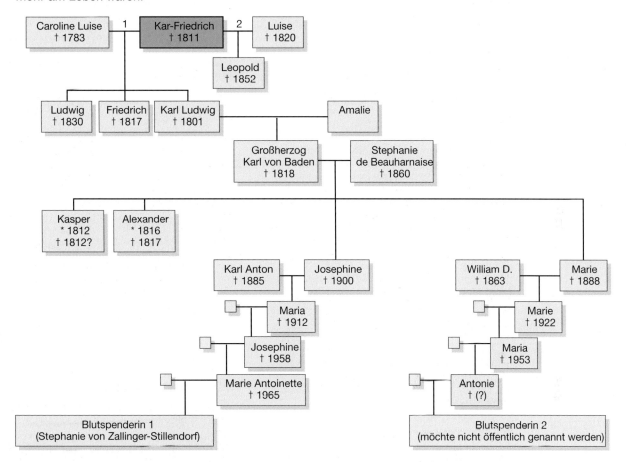

War Kaspar Hauser der rechtmäßige Thronfolger?

Im November 1996 extrahierten Wissenschaftler am Insitut für Rechtsmedizin der Universität München aus der in einem Museum aufbewahrten Unterhose Kaspar Hausers DNA aus einem Blutfleck. Mithilfe von Blutspenden von zwei Urenkelinnen der Stephanie de Beauharnaise konnte ein Vergleich der mitochondrialen DNA vorgenommen werden. Auf einer Vergleichsstrecke von 760 Basen zeigten die Blutspenderinnen untereinander keine Abweichungen, im Vergleich zu Kaspar Hauser wiesen die Wissenschaftler jedoch 7 Basenunterschiede nach.

Aufgaben

1. Analysieren Sie die gegebenen Informationen. Welche Umstände führten in der Bevölkerung zu Spekulationen um den angeblich direkt nach der Geburt verstorbenen Sohn der Stephanie de Beauharnaise?

2. Beurteilen Sie den Befund der DNA-Untersuchung bezüglich der strittigen Herkunft Kaspar Hausers. Für Punktmutationen legt man eine Wahrscheinlichkeit von 10^{-10} pro Gen und Generation zugrunde.

3. Für die serologischen Tests wurde nicht Kern-, sondern Mitochondrien-DNA verwendet. Für die Blutspende kamen nur Nachkommen aus rein mütterlicher Linie in Frage. Erläutern Sie die Zusammenhänge.

Thalassämie – eine erblich bedingte Hämoglobinopathie

- **Klassenstufe:** 11–13
- **Schwerpunkt:** Genetik
- **Voraussetzungen:** Grundlagen der klassischen und molekularen Genetik

Sachinformation

Thalassämie
gr. *thalassa* = Meer
gr. *haima* = Blut
Anämie = Blutarmut

Erythrozyten
a) von Gesunden

b) von Thalassämie-Patienten

Die *Thalassämie* ist eine der häufigsten Hämoglobinopathien. Bei den von Thalassämie betroffenen Patienten ist die Synthese der β-Ketten des Hämoglobins gestört, sodass die Erythrozyten Formveränderungen aufweisen, vergleichbar denen bei *Sichelzellanämie*. Auch die klinischen Symptome sind entsprechend: Blässe und Milzvergrößerung infolge verstärkten Blutabbaus, Lebervergrößerung und Auftreiben der markhaltigen Knochen durch den kompensatorischen Aufbau roter Blutkörperchen. Homozygote Genträger erreichen selten das Erwachsenenalter. Heterozygote Genträger zeigen keine auffälligen Symptome, die Lebenserwartung und Leistungsfähigkeit dieser Menschen ist nur geringfügig reduziert.

Die molekulargenetischen Ursachen der Thalassämie beruhen einmal auf der erblichen Störung der Hämoglobinsynthese (Deletion im β-Globin-Gencluster), zum anderen in Störungen der Regulation der entwicklungsbedingten Expression fetaler Globine (vgl. Abb.). Grundsätzlich werden α-Ketten schon frühzeitig gebildet und sind auch Bestandteil des Adult-Hämoglobins (Hb-A). ε-Ketten werden nur zwei Monate lang gebildet, embryonales Hämoglobin (Hb-E) besteht somit aus zwei α- und zwei ε-Ketten. Fetales Hämoglobin (Hb-F) besteht aus zwei α- und zwei γ-Ketten, deren Produktion im fünften Schwangerschaftsmonat abnimmt und die nach der Geburt durch β-Ketten ersetzt werden.

Es gibt nun Patienten, die kein Hb-A bilden können, dafür aber zeitlebens Hb-F synthetisieren. Diese Menschen können keine β-Globine herstellen, was durch eine gestörte Regulation der γ-Globin-Produktion (nicht aktivierbarer Repressor im γ-Operon / Mutation im Regulatorgen?) erklärt werden kann.

In den meisten Fällen führen jedoch Punktmutationen im β-Hb-Gen zur β-*Thalassämie*. So wird eine Form der Krankheit durch eine Punktmutation in der ATA-Box der Promotor-Region ausgelöst, in anderen Fällen verursachen Punktmutationen im Intron-Bereich vom Normalgen abweichende Spleißmuster. Eine Variante solcher Intron-Punktmutationen ist im Schülerarbeitsblatt dargestellt: Es wird nachweislich m-RNA für β-Globin gebildet, nicht aber das funktionstüchtige Protein.

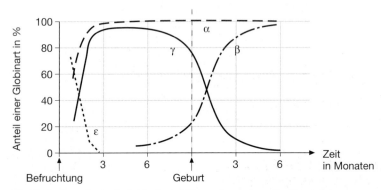

Globinsynthese in der Individualentwicklung eines gesunden Menschen

Didaktisch-methodische Hinweise

Das Arbeitsmaterial ermöglicht eine ganzheitliche Bearbeitung einer Krankheit. Die Zusammenhänge zwischen Gen und Phän werden exemplarisch deutlich. Das Material eignet sich zur Vertiefung/Leistungsüberprüfung am Ende eines Genetikkurses. Mithilfe der Abbildung zur Polypeptidkettensynthese der verschiedenen Hämoglobine kann die Aufgabenstellung zur Thalassämie um genregulatorische Aspekte erweitert werden.

Lösungen zum Arbeitsblatt

1. Es handelt sich um einen autosomal-rezessiven Erbgang, da:
   - Zahlenverhältnis gesund/krank etwa 2:1 (18:8).
   - gesunde Väter kranke Töchter haben, gonosomal-rezessive Vererbung somit nicht möglich ist (3).
   - kranke Väter kranke Söhne haben, gonosomal-dominante Vererbung also ausscheidet (6).
   - gesunde Eltern eine kranke Tochter haben, somit eine autosomal-dominante Vererbung ebenfalls nicht möglich ist (5).

   Genotypen:
   - Pers. 1 und 2: mindestens einer Aa, höchstens einer AA.
   - Pers. 6 und 4: aa, da sie krank sind.
   - Pers. 3 und 5: Aa; sie müssen heterozygot sein, da sie selbst nicht krank sind, aber kranke Kinder haben.

2. Dokumentation der Basen-/AS-Sequenzen:
   a) für das Gen β-Hb:
   DNAcod: In I: ... GGATAACCAGATAAAAG-GTGGGAATC
   Ex 2: CGACGA ...
   m-RNA: GCUGCU ...
   AS: ...Ala Ala...

   b) für das Gen β-Hb(T):
   DNAcod: In I(T): GGATAATC
   Ex 2 (T): AGATAAAAGGTGGGAATCCGACGA
   m-RNA: UCUAUUUUCCACCCU<u>UAG</u>GCUGCU
   AS: Ser Ile Phe His Pro stopp(!)

   Daran wird anschaulich deutlich, dass Ex 2 (T) 18 Nukleotide länger ist als Ex 2, weil die Mutation das In I früher beendet; allerdings ist in der neuen Sequenz Ex 2(T) ein Stopp-Codon (UAG). Deshalb werden nur 5 AS übersetzt und das Gen β-Hb(T) codiert nur 35 AS: 30 aus Ex I und 5 aus Ex 2(T). Das „normale" Gen β-Hb codiert 146 AS.

3. Phänotyp gesund: ααββ
   Th. major: ααβ(T)β(T)
   Th. minor: ααβ(T)β/ααββ(T)

Literatur

BRAUN, T. M.: Thalassämie. In: PdN-B, 1/46, 1997
DAUMER, K: Genetik. Aulis Verlag, Köln 1980
KNUTH, W.: Thalassämie – eine erbliche Hämoglobinopathie mit vielen Ursachen. In: PdN-B, 2/47, 1998
MARTIN-BEYER, W.: Thalassämie – eine Sauerstoffmangelkrankheit. In: PdN-B, 7/46, 1997
WIRGES, G.: Thalassämie – Vorschlag für eine Abituraufgabe. In: PdN-B, 4/45, 1996

Thalassämie – eine erblich bedingte Sauerstoffmangelkrankheit

Thalassämie ist eine im Mittelmeerraum verbreitete, erblich bedingte Blutkrankheit *(Anämie)*. Sie tritt in zwei Varianten auf: Die tödliche *Thalassaemia major* geht mit schweren Durchblutungsstörungen der inneren Organe einher. Von der zweiten Form, der *Thalassaemia minor*, Betroffene zeigen nur leichte Symptome und eine gering verminderte Leistungsfähigkeit.

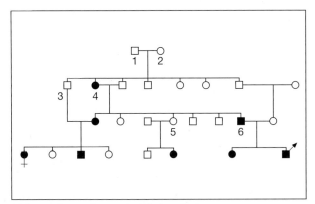

Abb. 1 Stammbaum der Thalassämie

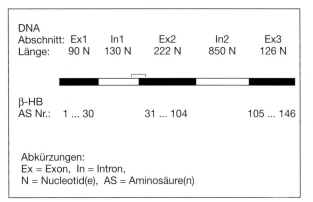

Abb. 2 Struktur des β-Hämoglobin-Gens (β-Hb)

Der rote Blutfarbstoff *Hämoglobin* ist ein aus jeweils zwei identischen α- und β-Ketten zusammengesetztes großes Protein. Es dient dem Sauerstofftransport. Basensequenzanalysen hatten für den *nicht-codogenen* DNA-Strang des β-Hämoglobin-Gens im Übergangsbereich Intron 1 / Exon 2 (Klammer in Abb. 2) folgendes Ergebnis: (5')...CCTATT<u>G</u>GTCTATTTTCCACCCTTAGGCTGCT...(3')

Ursache der Thalassämie ist eine Punktmutation im β-Hämoglobin-Gen, wodurch die Aminosäuresequenz der β-Globine verändert wird. Im Verlauf der m-RNA-Reifung *(processing)* werden bekanntlich die Introns herausgeschnitten *(splicing)*. Die entscheidende Erkennungssequenz für die Restriktionsenzyme im nicht-codogenen DNA-Strang lautet **TTAG**. Das mutierte Gen β-Hb(T) besitzt an der gekennzeichneten Position <u>G</u> die Base A. Dadurch ändert sich das Spleißmuster und das Exon 2 wird verlängert.

Aufgaben

1. Bestimmen Sie den Vererbungsmodus der Thalassämie und geben Sie unter Verwendung der Allelsymbole A/a die Genotypen der in Abb. 1 mit den Ziffern 1–6 gekennzeichneten Individuen begründet an.

2. Erklären Sie das Paradoxon, dass bei Thalassämie trotz längerem Ex 2(T) die β-Hb(T)-Kette deutlich kürzer ist.
   Zeigen Sie dabei auf, wie sich das Spleißmuster verschiebt. Ermitteln und dokumentieren Sie die jeweiligen Basen- und Aminosäuresequenzen (soweit bestimmbar!) für Ex 2 / β-Hb und Ex 2(T) / β-Hb(T). Wie viele Aminosäuren codiert das Gen β-Hb, wie viele das mutierte Gen β-Hb(T)?

3. Bestimmen Sie abschließend die konkreten Genotypen der Krankheitsbilder *Th. minor* und *Th. major*.

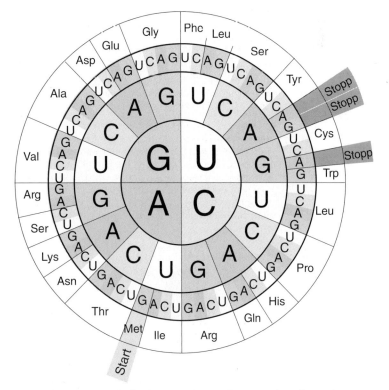

Abb. 3 Codesonne; die Codons werden von innen nach außen gelesen

Die Entwicklungskontrollgene der Taufliege Drosophila

- **Klassenstufe:** 11–13
- **Schwerpunkt:** Genetik
- **Voraussetzungen:** Proteinsynthese, Metamorphose von Insekten

Sachinformation

Während der ersten drei Stunden der Embryonalentwicklung erfolgt im Drosophila-Ei noch keine *sichtbare* Differenzierung. Der Kern des Eies hat sich aber schon viele Male geteilt, sodass unter der Zellmembran etwa 4000 Zellkerne liegen, die den zentralen Dotter umgeben. Die Homogenität ist aber nur scheinbar. Es haben bereits gestaltbildende Prozesse begonnen.

Die drei von der Fliegenmutter in das Ei postierten m-RNA-Stränge (*bicoid*, *nanos* und ein noch nicht genau bekannter) haben Proteine gebildet. Diese Proteine und ein viertes mütterliches Protein bilden Konzentrationsgradienten. Die unterschiedlichen Konzentrationen bilden ein molekulares Muster, das sogenannte „Vormuster". Es teilt das Ei in 28 Felder, die sich streng durch Konzentration unterscheiden. Das Protein 4 bildet 4 „Längsstreifen", es richtet die Querachse aus. Die Proteine 1 bis 3 bilden 7 senkrechte „Streifen" und richten die Längsachse aus. Die Proteinstreifen können durch Anfärben sichtbar gemacht werden.

Alle vier Proteine erfüllen regulatorische Funktionen. Sie steuern die Aktivität anderer embryonaler Gewebe, indem sie die erste Gruppe von Entwicklungskontrollgenen des Embryos anschalten. So bewirkt das bicoid-Protein (Protein 1) durch den sich bildenden Konzentrationsgradienten das Einschalten der Gene „Krüppel", „hunchback" und „knirps". Sie bilden ebenfalls Proteine, die in 7 Streifen erkennbar sind (s. Abb.).

Die ersten Embryo-Entwicklungskontrollgene schalten zwei weitere an: „even-skipped" und „fushi tarazu" und deren Proteine schließlich „engrailed". So entstehen aus den 7 senkrechten Streifen die 14 Segmente der Larve. Der Mechanismus ist einfach. Er besteht in der Übersetzung einer kontinuierlichen Konzentrationsänderung in eine „An-Aus-Situation". Oberhalb einer Minimalkonzentration wird ein Gen eingeschaltet, unterhalb nicht.

Auf die gleiche Weise kontrollieren und regulieren die Proteine der ersten Gruppe der Entwicklungskontrollgene das Einschalten einer weiteren Gruppe von Genen. Sie bewirken die gestaltbildenden Prozesse. Die Arbeitsgruppe um CHRISTIANE NÜSSLEIN-VOLHARD hat die meisten der bisher bekannten Entwicklungskontrollgene im Embryo und die aus der Mutter stammenden „Schalter" gefunden.

❞ Zusatzinformation

Forschungsobjekt: Die Frucht- oder Taufliege Drosophila

Drosophila ist schon seit 60 Jahren Versuchstier der Genetiker. Sie eignet sich sehr gut zur Untersuchung der Gestaltbildung, weil ihr Generationszyklus nur 14 Tage beträgt. Auch die Anzucht ist denkbar einfach und bringt viele Nachkommen. Ein Fliegenweibchen kann 14 Tage lang täglich 100 Eier legen. Die embryonale Entwicklung findet außerhalb des Körpers statt, kann also jederzeit beobachtet werden. Aus dem 0,5 mm langen Ei entsteht nach 22 Stunden eine Larve. Während der Puppenruhe wird das adulte Insekt ausgebildet, das nach 14 Tagen schlüpft. Mutationen sind an den Tieren leicht zu erkennen.

❞

Lösungen zum Arbeitsblatt

1. Nach der Befruchtung des Eies bilden sich an den Ribosomen durch Translation die drei mütterlichen Proteine. Durch Diffusion verteilen sie sich in der gesamten Zelle. Auch das Protein 4 verteilt sich in der Zelle. Die Konzentration aller Proteine ist am Entstehungsort am größten, gegenüberliegend am geringsten.
2. Die vier Proteine schalten einige Gene entsprechend ihrer Konzentration an bestimmten Stellen des Embryos ein. Es sind die ersten Entwicklungskontrollgene, die die Entstehung der 14 Segmente aus den 7 senkrechten Feldern bewirken. Ihre Genprodukte bilden die Schalter für weitere untergeordnete Gene in den Zellkernen, die als Entwicklungskontrollgene die gestaltbildenden Prozesse auslösen.
3. Es entstand eine Fliege mit 2 Köpfen und 2 Thoraxen. Das Versuchsergebnis zeigt, dass die m-RNA 1 die Voraussetzung für die Bildung von Kopf und Thorax ist. Das Protein 1 bewirkt das Anschalten der Entwicklungskontrollgene im Ei, die die Gestaltbildung von Kopf und Thorax veranlassen.

Literatur

DE ROBERTIS, E. M., WRIGHT, C., WRIGTH, O.: Homöobox-Gene und der Wirbeltierbauplan. In: Spektrum der Wissenschaft 9/1990, S. 84

MAUSMANN, T.: Die Nobelpreis-Schmiede. In: Bild der Wissenschaft 12/1995, S. 108

NÜSSLEIN-VOLHARD, C.: Von Fliegen und Menschen. In: Bild der Wissenschaft 1/1996, S. 38

NÜSSLEIN-VOLHARD, C.: Vom Ei zum Organismus. In: Bild der Wissenschaft 9/1992, S. 90

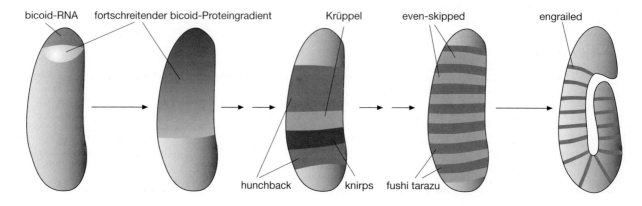

Entwicklungskontrollgene – Drosophila nimmt Gestalt an

Für die Entdeckung spezieller Entwicklungsgene und deren Funktionsweise bei der Taufliege *Drosophila* erhielt die Tübinger Biologin CHRISTIANE NÜSSLEIN-VOLHARD neben zwei weiteren Preisträgern im Jahre 1995 den Nobelpreis für Medizin.

Die Forscherin ging folgenden Fragen nach:
Wie entsteht aus einer Zelle ein komplexer Organismus? Woher „wissen" Zellen, ob sie Muskeln, Augen oder Beine „werden sollen"? Woher „weiß" eine Eizelle, was oben und unten wird, wo Rücken und Bauch entstehen soll? Kurz: Wie nimmt das Leben Gestalt an?

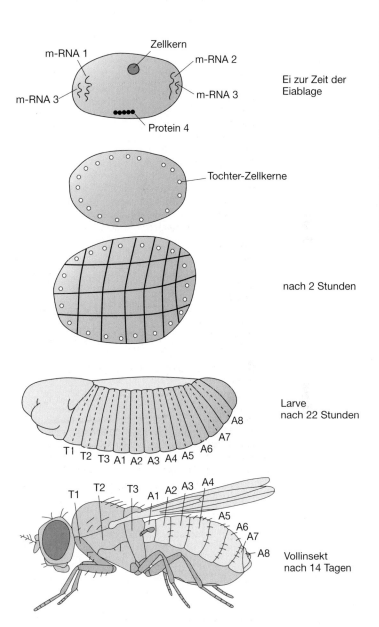

- Die Fliegenmutter bringt in das Ei ein: m-RNA 1, 2 und 3 (letztere an zwei Stellen der Eizelle), Protein 4 (Abb. 1).

- In der Eizelle beginnt die Proteinsynthese (mütterliche Proteine). Die gebildeten Proteine verteilen sich in der Zelle und es entstehen Konzentrationsgradienten.

- Gleichzeitig teilt sich der Zellkern. Es entwickeln sich etwa 4000 Tochterkerne, die um den Dotter angeordnet werden (Abb. 2).

- Im Ei entstehen 28 Felder, die sich in der Proteinkonzentration unterscheiden. Dort, wo die Konzentration hoch genug ist, werden Entwicklungskontrollgene des Embryos in den Zellkernen angeschaltet (Abb. 3).

- Aus der 7-fachen senkrechten Einteilung entstehen 14 Segmente (Abb. 4).

- Die Entwicklungskontrollgene bewirken die Synthese von Proteinen, die wiederum Schalter für eine weitere Gruppe von Entwicklungskontrollgenen sind. Diese steuern die weiteren gestaltbildenden Prozesse.

Aufgaben

1. Zeichnen Sie das Konzentrationsgefälle der Proteine 1, 2 und 4 mit verschiedenen Farben in die Abbildung ein und erklären Sie seine Entstehung.

2. Welche Funktion hat die große Anzahl der Tochterzellkerne?

3. Die Nobelpreisträgerin CHRISTIANE NÜSSLEIN-VOLHARD stellte die m-RNA 1 künstlich her und injizierte sie dort in das Ei, wo m-RNA 2 und 3 platziert sind. Der Versuch bestätigte ihre Überlegungen. Welches Ergebnis hatte er?

„Tigerpferde" in Afrika – wozu sind die Zebrastreifen gut?

- **Klassenstufe:** 9 / 10
- **Schwerpunkt:** Evolution
- **Voraussetzungen:** Fortpflanzung und Entwicklung bei Säugetieren, Mutation und Selektion, Evolution der Pferde, Linsenauge, Facettenauge

Didaktisch-methodische Hinweise

Der Informationstext (S. 61) beschreibt die verschiedenen Zebraarten sowie Entstehung und Funktion der Zebrastreifen (2 Theorien). Er ist Arbeitsmaterial zu den Arbeitsblättern.

> **Zusatzinformation**
>
> **Ursprung und Ausbreitung der Pferde**
>
> Die Urheimat der Pferdefamilie – zu ihnen zählt man die echten Pferde, die Esel und die Zebras – ist der Norden Amerikas. Dort fand die Entwicklung vom katzengroßen Urhuftier, das sich von Laub und Früchten des Waldes ernährte, zum Gras fressenden Steppentier statt. Als in Folge der Eiszeit vor rund 2 Millionen Jahren die Grassteppen Nordamerikas zurückgingen, wanderten die Wildpferde nach Südamerika und über die zu dieser Zeit bestehende Landbrücke zwischen Alaska und Sibirien nach Asien aus. Diese Landbrücke war entstanden, weil sich aufgrund der zunehmenden Vereisung der Meeresspiegel abgesenkt hatte. Von hier aus eroberten die Wildpferde die Grasweiden Asiens, Europas und Afrikas. Doch während es überall auf der Erde Pferde und Esel in den verschiedenen Farbvarianten aber ohne strenge Musterung gibt, treten alle Wildpferde in Afrika, südlich der Sahara, stets schwarz-weiß gestreift auf.
>
> **Wie entsteht ein Zebramuster?**
>
> Die Fähigkeit ein gestreiftes oder anders gemustertes Fell auszubilden, besitzen viele Säugetierarten. Typische Beispiele hierfür sind Tiger, Leopard oder die einheimische Wildkatze, Giraffen, Wildschweinjunge oder verschiedene Rinderrassen. Auch viele Pferde zeigen im Bereich des Kopfes und an den Beinen eine individuelle Musterung. Eine solche Musterung des Fells kommt zustande, wenn an entsprechender Stelle die Pigmentierung (die Farbstoffeinlagerung) unterdrückt oder verstärkt wird. Ein klar abgegrenztes Streifenmuster zeigen allerdings nur die Zebras.
>
> Das Zebramuster wird bereits während der Embryonalzeit angelegt. Die Verteilung der Farbstoffe, die für die dunkle Haarfärbung verantwortlich sind, erfolgt nicht gleichmäßig über die ganze Körperoberfläche. An manchen Stellen ist die Farbstoffeinlagerung intensiv, was zur Bildung der dunklen Streifen führt, und an anderen Stellen wird sie unterdrückt, was die weißen Streifen entstehen lässt. Zum Zeitpunkt ihrer Entstehung sind die Streifen bei allen Zebraarten gleich breit. Da sie bei den Steppenzebras in einer frühen Phase der Embryonalentwicklung angelegt werden, werden sie aufgrund der längeren Wachstumszeit breiter als bei den Grevy-Zebras, bei denen die Streifen erst später gebildet werden. Somit ist die Zahl der Streifen bei den Grevys entsprechend größer aber ihre Breite bleibt verringert.
>
> **Die Besonderheit der Zebras**
>
> Weshalb können z. B. Elefanten, Büffel, Gnus und andere Wiederkäuer ungestreift im Tsetsegebiet umherlaufen? Die Vorläufer der afrikanischen Wiederkäuer, wie Gnus, Antilopen und Gazellen, entwickelten sich gemeinsam mit den Tsetsefliegen im afrikanischen Regenwald. Es war ihnen möglich, ihren Stoffwechsel auf die Ausscheidungsprodukte der Trypanosomen einzustellen und damit eine Immunität gegen diese Erreger zu erreichen. Diese Möglichkeit hatten die viel später aus Amerika zugewanderten Wildpferde nicht mehr. Sie konnten aber ein spezielles Tarnkleid, das Zebramuster, gegen die Tsetsefliege entwickeln, das die Infektion weitgehend verhindert. Dabei ist das außerordentlich exakte Streifenmuster wahrscheinlich keine vollständige Neubildung. Die Fähigkeit, unregelmäßige Streifen zu entwickeln, ist ein ursprüngliches Merkmal vieler Säugetiere.

Trypanosomen
Begeißelte Einzeller, die im Blut von Wirbeltieren leben; sie werden von Blut saugenden Insekten *(Tsetsefliege)* von Wirt zu Wirt übertragen; sie kommen weltweit vor; afrikanische Arten sind Erreger der *Schlafkrankheit* und der Viehseuche *Nagana*.

Schlafkrankheit
Inkubationszeit 2 bis 4 Wochen; Fieberschübe, Schwellung der Halslymphknoten, Kopfschmerzen, Herzmuskelentzündungen, Nervenschädigung, Schlafstörungen, Psychosen; ohne Behandlung tödlicher Verlauf (ostafrikanische Art: 4–6 Monate; westafrikanische Art: wenige Jahre)

Nagana-Seuche
Befall von Rindern und anderen Huftieren; Fieber, Anämie, Abmagerung; tödlicher Verlauf

Lösungen zu den Arbeitsblättern

„Tigerpferde" in Afrika (S. 62)

a) Steppenzebra: ④
b) Bergzebra: ③
c) Somali-Wildesel: ①
d) Quagga: ⑤
e) Grevy-Zebra: ②
Die Reihenfolge c), e), a), b), d) entspricht der geografischen Verbreitung von Nord nach Süd.

Wozu dienen die Zebrastreifen? (S. 63)

1. *Löwe:* Savannengebiete südlich der Sahara;
   Tsetsefliege: Feuchtsavannen rings um die Regenwälder.
2. *Jagdverhalten:* Löwen jagen überwiegend nachts; sie lauern den Beutetieren auf, schleichen sich an und greifen erst an, wenn sie relativ nah herangekommen sind.
   Beutetiere: Größere Säugetiere, wie Antilopen, Gazellen, in manchen Teilen Afrikas überwiegend Zebras.
3. *Jagdverhalten:* Tsetsefliegen lauern ihren Beutetieren am Tag auf (am Waldrand, an Flussufern).
   Beutetiere: Elefanten, Büffel, Löwen, Gnus, Antilopen, eingeführte Hauspferde; sie fliegen dunkle, sich langsam bewegende Körper vor hellem Horizont an.
4. *Löwe:* Das Streifenmuster dürfte sich eher als deutliche Hervorhebung erweisen denn als Tarnung.
   Tsetsefliege: Bei Annäherung ergibt sich ein auseinander strebendes Muster, das nicht mehr als Nahrungsquelle erkannt wird.
5. Das Streifenmuster schützt die Zebras nicht davor, Löwen zum Opfer zu fallen. Wahrscheinlicher ist die zweite Theorie, denn tatsächlich bleiben Zebras weitgehend von Trypanosomen verschont, obwohl ihr Blut eine Nahrungsquelle für die Tsetsefliege darstellt.

Literatur

GOULD, S. J.: Wie das Zebra zu seinen Streifen kommt. Essays zur Naturgeschichte. Birkenhäuser, Basel 1986

REICHHOLF, J.: Funktion und Evolution des Streifenmusters bei den Zebras. Säugetierkundliche Mitteilungen 32, 1985

„Tigerpferde" in Afrika

Zebras und Wildesel

Von den Zebras sind drei Arten bekannt. Das *Grevy-Zebra*, das in Süd-Äthiopien und im nördlichen Kenia beheimatet ist, ähnelt in seiner Körper- und vor allem seiner Kopfform sehr stark den etwas nordöstlich lebenden Wildeseln. Allerdings gibt es zu diesen eine klare geografische Abgrenzung. Während die ans Grevy-Gebiet angrenzenden *Somali-Wildesel* lediglich dunkle Beinstreifen aufweisen, sind beim Grevy-Zebra die Beine bis zu den Hufansätzen in dichter Folge mit schmalen schwarzen Querbändern bedeckt, die nur enge weiße Zwischenräume freilassen. Auch die Streifung an Kopf und Rumpf ist sehr eng.

Die zweite Zebraart, deren Herden über die Serengeti und das Massai-Gebiet ziehen und sich bis zum Sambesi ausbreiten, ist das wesentlich breiter gestreifte und pferdeähnlich aussehende *Steppenzebra*.

Das *Bergzebra*, die dritte Art, ist im Hochland von Süd- und Südwest-Afrika anzutreffen. Es ist der „Bergsteiger" unter den Zebras. Zu seiner breit gegliederten Streifung tritt eine Zwischenstreifung, sogenannte „Schattenstreifen", hinzu oder die Streifung ist am Rumpf bereits teilweise aufgehoben. Das *Quagga*, eine Unterart der Bergzebras, das in großen Herden am Kap lebte, wurde vollständig ausgerottet. Seine Körperstatur war von allen anderen Zebraarten der der Pferde am ähnlichsten. Der Kopf mit den kurzen Ohren und der kaltblutähnliche Körperbau belegen dies eindrucksvoll. An einigen noch vorhandenen Museumspräparaten erkennt man, dass die Streifung bis auf Reste am Kopf und am Hinterteil verloren gegangen war.

Wozu dienen die Zebrastreifen?

Sichtschutz vor Raubtieren?

Eine schon lange bestehende Hypothese besagt, dass das Zebramuster vorzüglichen *Sichtschutz* vor den Hauptfeinden der Zebras, den Löwen und Hyänen, bietet. Im Geflimmer der heißen Savannenluft sorgt die Streifung für eine Verwischung der Körperumrisse. Tatsächlich sind aber in vielen Teilen Afrikas Zebras neben anderen großen Säugetieren, wie Antilopen und Gazellen, die Hauptbeutetiere der Löwen. Löwen lieben die offene Savannenlandschaft. Heute kommen sie nur noch südlich der Sahara vor. Da sie ähnliche Augen wie wir selbst besitzen, dürfte sich die Zebrastreifung eher als eine deutliche Hervorhebung denn als Tarnung erweisen. Sollten sich in größeren Entfernungen, bedingt durch das Streifenmuster, die Körperumrisse auflösen, sind Zebras für Löwen als Jäger, die der Beute auflauern und erst angreifen, wenn sie nahe genug herangekommen sind, längst uninteressant geworden. Zudem erlegen die Löwen einen großen Teil ihrer Beute in der Nacht, wo zur Orientierung Geräusche und Gerüche wesentlich wichtiger sind als Körperstreifen.

Zebrastreifen als Fliegenschutz?

Das Verbreitungsgebiet der Zebras überschneidet sich mit dem Lebensraum einer in den Savannengebieten Afrikas und am Rande des Regenwaldes vorkommenden Fliegenart, der *Tsetsefliege*. Tsetsefliegen sind kräftige Fliegen, die einen Stechrüssel besitzen, mit dem sie die Haut von Warmblütern durchbohren und deren Blut saugen. Aufgrund ihres außerordentlich dichten Chitinpanzers sind diese Fliegen, im Gegensatz zu vielen anderen, die vorwiegend nachts jagen, in der Lage, in der Tageshitze an Waldrand oder Flussufer auszuharren bis Beutetiere die offene Savanne durchziehen.

Wie andere Blut saugenden Insekten überträgt auch die Tsetsefliege winzige Blutparasiten, die *Trypanosomen*. Diese verursachen beim Menschen die *Schlafkrankheit*, bei Rindern und Pferden eine tödlich verlaufende Seuche. Zur Übertragung dieser Erreger kommt es deshalb, weil die Tsetsefliegen in der Regel mehrfach Blut saugen. Beim ersten Mal werden die Erreger mit dem Blut aufgenommen, beim zweiten Mal durch den Speichel der Fliege übertragen.

Bei einer Untersuchung der Durchseuchung afrikanischer Wildtiere mit Trypanosomen ergab sich folgendes überraschende Ergebnis: Sowohl im Blut von Elefanten, Büffeln, Löwen, Gnus und allen Antilopenarten fand man die winzigen Erreger, doch nicht im Blut der häufig vorkommenden Zebras. In Afrika eingeführte Hauspferde werden jedoch von der Tsetsefliege angeflogen, gestochen und haben keine Überlebenschance. Es ist also ausgeschlossen, dass das Blut der Pferde und somit auch das der Zebras für die Fliegen uninteressant wäre. Eine attraktive Nahrungsquelle für Fliegen, dies ist durch zahlreiche Attrappenversuche belegt, ist ein dunkler, sich langsam bewegender Körper, der sich vom hellen Horizont abhebt. Tatsächlich ist ein Facettenauge, das nicht die Tiefenschärfe eines Linsenauges besitzt, nicht in der Lage, beim Anflug auseinanderstrebende schwarze und weiße Streifen als Körper und somit als Nahrungsquelle zu erkennen.

„Tigerpferde" in Afrika

Aufgaben

1. Lies den Informationstext über die verschiedenen Wildpferde Afrikas (Zebras und Wildesel) sorgfältig durch und benenne die unten abgebildeten Zebra- und Eselarten.

2. Ordne die folgenden Merkmale der entsprechenden Art zu. Trage dazu die Ziffern an der richtigen Stelle ein: ① hellgraues Fell mit dunklen Beinstreifen; ② Streifung an Kopf, Rumpf und Beinen sehr eng, eselähnlich; ③ breite Streifung mit Zwischenstreifen; ④ breit gestreift, pferdeähnlich; ⑤ Streifung nur an Kopf und Hinterteil, pferdeähnlich.

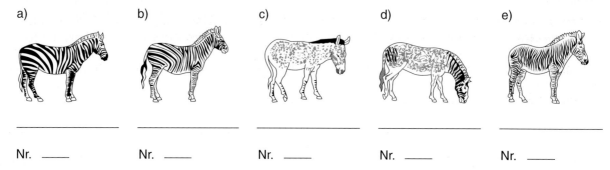

a) _____ Nr. ____
b) _____ Nr. ____
c) _____ Nr. ____
d) _____ Nr. ____
e) _____ Nr. ____

3. Ordne die Namen der jeweiligen Esel- oder Zebraart entsprechend ihrem geografischen Verbreitungsgebiet der Karte zu.

4. Kennzeichne das Regenwaldgebiet mit grüner Farbe, die Sahara gelb. Nimm deinen Atlas zu Hilfe.

5. Trenne den Kartenteil entlang der gestrichelten Linie ab und klebe ihn in dein Heft (Querformat). Schneide die abgebildeten Esel- und Zebraarten aus und klebe sie in der richtigen Anordnung in die dafür vorgesehenen Kästchen ein.

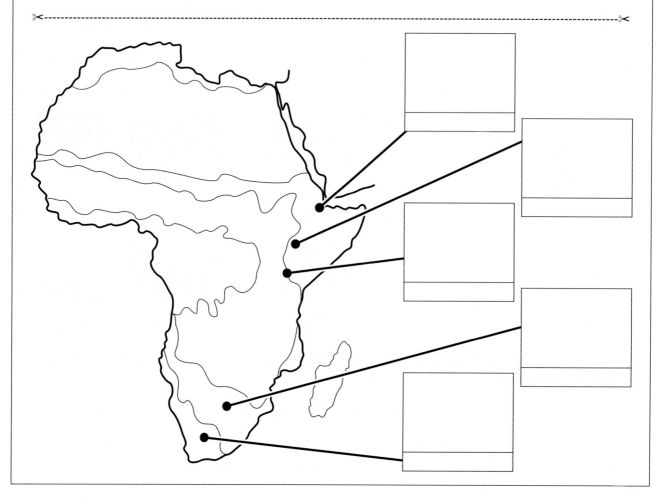

Wozu dienen die Zebrastreifen?

Zur Bedeutung des Zebramusters findet man in verschiedenen Büchern unterschiedliche Erklärungsversuche: Einer davon besagt, dass das Zebramuster zum Schutz vor Raubtieren, wie z. B. den Löwen, dient. Danach sorgt die Streifung im Geflimmer der heißen Savannenluft für eine Verwischung der Körperumrisse und macht so die Zebras unkenntlich. Eine zweite Theorie geht davon aus, dass die Streifen die Tiere vor Fliegenstichen schützen: Beim Anflug auf die Zebras weichen die schwarzen und weißen Streifen auseinander, sodass die Fliegen die Körperumrisse nicht mehr erkennen können.

Aufgaben

1. Lies den Infotext „Wozu dienen die Zebrastreifen?". Zeichne das Verbreitungsgebiet der Löwen mit braunem Farbstift in deine Afrikakarte ein und kennzeichne das der Tsetsefliege mit Punkten.

2. Informiere dich mithilfe des Infotextes über das Jagdverhalten der Löwen. Welches sind ihre Beutetiere?

   Jagdverhalten: _____

   Beutetiere: _____

3. Wie findet die Tsetsefliege ihre Opfer und welche Tiere fliegt sie an?

   Jagdverhalten: _____

   „Beutetiere": _____

4. Beschreibe die Wirkung des Streifenmusters auf Löwe bzw. Tsetsefliege bei Annäherung an die Beute.

   Löwe: _____

   Tsetsefliege: _____

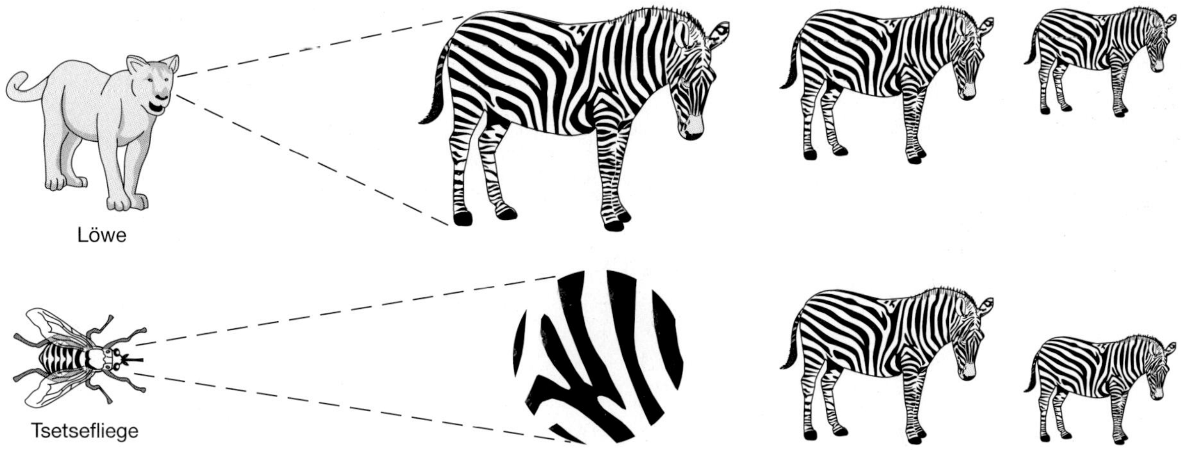

Löwe

Tsetsefliege

5. Wie beurteilst du nun die beiden Theorien zur Bedeutung des Streifenmusters der Zebras? Fasse deine Ergebnisse zusammen.